ŒUVRES COMPLÈTES

DE

SIR WALTER SCOTT.

𝔗raduction 𝔑ouvelle.

PARIS,

CHARLES GOSSELIN et A. SAUTELET ET C°

LIBRAIRES-ÉDITEURS.

M DCCC XXVIII.

H. FOURNIER IMPRIMEUR.

ŒUVRES COMPLÈTES

DE

SIR WALTER SCOTT.

TOME QUARANTE-SIXIÈME.

IMPRIMERIE DE H. FOURNIER,
RUE DE SEINE, N° 14.

LE PIRATE.

« Tout en lui de la mer annonce les ravages. »
SHAKSPEARE. *La Tempête.*

TOME SECOND.

(The Pirate.)

LE PIRATE.

(The Pirate.)

CHAPITRE XV.

« Qu'on me donne une torche. — Et vous, belle jeunesse,
» Dansez, trémoussez-vous, montrez votre souplesse.
» Moi, suivant un dicton par le temps consacré,
» Je tiendrai la chandelle, et je regarderai. »

Shakspeare. Roméo et Juliette.

La jeunesse, dit le moraliste Johnson, ne se soucie plus du cheval de bois de l'enfance, ni l'homme fait de la maîtresse du jeune homme. Aussi le chagrin de Mordaunt Mertoun, exclus de la danse, paraîtra léger à beaucoup de nos lecteurs qui croiraient pourtant avoir raison de se fâcher s'ils perdaient leur place dans une assemblée d'un autre genre. Il ne manquait pourtant pas d'amusemens pour ceux à qui la danse ne convenait pas, ou qui n'avaient pas le bonheur de trouver des *partenaires* à leur goût. Halcro, maintenant dans son élément, avait rassemblé autour de lui un nombreux auditoire à qui il débitait sa poésie avec tout l'enthousiasme du glorieux John lui-même, et il recueillait en retour les applaudissemens accordés aux ménestrels qui récitent leurs propres vers, du moins aussi long-temps que la critique ne peut élever la voix sans être entendue d'eux. La poésie était faite pour intéresser l'antiquaire aussi-bien que l'admirateur des muses; car plusieurs de ces pièces étaient des traductions ou des imitations des sagas des scaldes, que chantaient encore les pêcheurs de ces îles, dans les temps très-rapprochés de nous. Aussi quand les poëmes de Gray parvinrent aux îles Shetland, les vieillards reconnurent dans l'ode des *Fatales sœurs* (1) les vers runiques qui avaient amusé ou effrayé leur enfance, sous le titre *des Magiciennes*, et que les pêcheurs de North-Ronaldsha et des autres îles chantaient encore lorsqu'on leur demandait un chant norse.

Mordaunt Mertoun, moitié attentif à la voix du poète, moitié absorbé dans ses propres pensées, se tenait près de la porte de l'appartement, en dehors du cercle formé autour d'Halcro, quand celui-ci chanta sur un air sauvage, lent et monotone, qui n'était varié que par ses efforts pour donner de l'intérêt et de l'emphase à certains passages, l'imitation suivante d'un chant guerrier du Nord.

(1) The *fatal Sisters*, by Gray.— Éd.

Le disque d'or du roi des airs
Est voilé d'un sombre nuage :
Entendez-vous dans les déserts
Soupirer le vent de l'orage ?
Du loup féroce, les échos
Ont répété les cris de joie ;
Levez l'étendard du héros,
L'aigle aussi réclame sa proie.

Au loin maint casque resplendit,
Harold autour de sa bannière
Voit les braves que réjouit
Le son de la trompe guerrière.
Au bruit des armes, des clairons,
Vient se mêler l'hymne du barde.
Nobles chefs, aux combats volons ;
Le dieu des héros nous regarde.

Plus de sommeil, plus de festins,
Jusques au jour des funérailles.
De la faux armez donc vos mains ;
Voici la moisson des batailles.
En avant, guerriers, en avant,
L'univers est votre héritage ;
Celui qui meurt, Odin l'attend ;
N'écoutez que votre courage.

La fille d'Odin, de sa voix,
Vous invite aux jeux de la gloire ;
Elle vous offre, à votre choix,
Richesses, honneurs et victoire,
Ou pour celui qui périra
Les coupes de l'ale immortelle.....
Guerriers, le dieu de Valhalla
Lui-même aux combats vous appelle.

— Les pauvres païens ! les malheureux aveugles ! dit Triptolème avec un soupir qui aurait pu passer pour un gémissement. — Ils parlent de leurs éternelles coupes d'ale, et je doute qu'ils aient jamais su faire une gerbe d'orge.

— Ils n'en sont que plus habiles, Yellowley, dit le poète, s'ils font de l'ale sans orge.

— De l'orge, oui-dà! répondit l'agriculteur plus exact; qui a jamais entendu parler d'orge dans ces contrées? de l'avoine, mon cher, de l'avoine, c'est tout ce qu'ils ont : et je m'étonne comment ils peuvent en récolter un épi. Vous écorchez la terre avec une mauvaise machine que vous appelez charrue; vous pourriez tout aussi bien la retourner avec les dents d'une fourche. Oh! il faut voir le soc et le joug d'une véritable charrue écossaise, avec un gaillard robuste comme un Samson, placé entre les deux branches, lui donnant assez de poids pour entamer un roc. Deux bœufs robustes et autant de chevaux à large poitrail vous tracent un sillon aussi profond que le lit d'un torrent. Ceux qui ont joui d'un spectacle semblable ont vu quelque chose de plus digne d'être raconté que ces vieilles histoires de combats et de carnage, dont ce pays n'a été que trop souvent le théâtre, quoi que vous puissiez chanter à la louange de ces œuvres sanguinaires, M. Claude Halcro.

— C'est une hérésie! dit le poète en se levant tout à coup, et se démenant comme si toute la défense de l'archipel des Orcades eût reposé sur son seul bras; c'est une hérésie de nommer seulement le pays natal de quelqu'un, si celui-ci n'est pas préparé à le défendre et à faire diversion sur celui de l'agresseur. Il fut un temps où, si nous ne faisions pas de bonne ale et de l'eau-de-vie, nous savions où en trouver de toute faite; mais aujourd'hui les descendans des rois de la mer, des champions du nord et des Berserkars sont devenus aussi incapables de se servir de leurs sabres que s'ils étaient femmes. On peut bien vanter leur talent pour ramer, et leur agilité pour gravir les rochers ; mais, bons Hialtlandais, que pourrait dire de plus, à votre louange, le glorieux John lui-même ?

— Bravo, c'est parler comme un ange, noble poète, dit Cleveland, qui, dans l'intervalle d'une contre-danse, s'était approché du groupe au milieu duquel cette conversation se tenait. Les vieux champions dont vous nous parliez hier soir étaient les hommes qu'il fallait pour faire résonner une harpe, de braves gens, dignes amis de la mer et ennemis de tout ce qu'ils y rencontraient. Leurs vaisseaux étaient, je crois, assez grossièrement construits, mais, s'il est vrai qu'ils aient été jusqu'au Levant, je doute que jamais plus habiles marins aient su déployer une voile de perroquet.

— Oui, dit Halcro, vous leur rendez l'hommage qui leur est dû. Dans ces temps, aucun homme ne pouvait dire que sa vie et ses moyens d'existence lui appartinssent, à moins qu'ils ne fussent à vingt milles au-delà de la mer bleue. Dans toutes les églises de l'Europe on faisait des prières pour être délivré de la colère des hommes du Nord. En France, en Angleterre, et même dans l'Écosse, quoiqu'on y lève la tête si haut maintenant, il n'était pas une baie, pas un port où nos ancêtres ne fussent plus libres que les pauvres diables d'habitans. Maintenant, ma foi, il nous serait impossible de faire seulement venir de l'orge sans l'assistance des Écossais. — Ici il jeta un regard d'ironie sur le facteur. — Ah ! je voudrais revoir le temps où nous mesurions nos rames avec les leurs !

— C'est encore parler en héros, dit Cleveland.

— Ah ! continua le petit barde, je voudrais qu'il fût possible de voir nos barques, autrefois les dragons marins du monde, voguer avec l'étendard du noir corbeau déployé au perroquet, et leurs ponts étincelans d'armes, au lieu d'être encombrés de *stockfish*. Il n'est plus ce temps où nous obtenions par nos vaillantes mains ce que le sol avare nous refuse, — vengeant tous les anciens mépris et les outrages récens, récoltant où nous n'avions jamais semé, abattant les arbres que nous n'avions pas plantés; vivant gaiement dans tous les climats, et quittant le monde en souriant quand notre heure sonnait.

Ainsi s'exprima Claude Halcro, peu sérieusement sans doute, ou ne possédant pas du moins tout son sang-froid. Sa tête, qui n'était jamais très-forte, tournait, sous l'influence de cinquante sagas qui se présentaient à la fois à son souvenir, et de cinq rasades d'*usquebaugh* et d'eau-de-vie. Cleveland, d'un air moitié plaisant et moitié sérieux, lui frappa sur l'épaule, et répéta encore : — C'est parler en héros!

— C'est parler en fou, je pense, dit Magnus Troil qui avait aussi été attiré par la véhémence du petit barde. Où voudriez-vous croiser? et contre qui? nous sommes tous sujets d'un même royaume, à ce qu'il me semble; et je voudrais que vous vous ressouvinssiez que votre voyage pourrait vous conduire au lieu des exécutions. Je n'aime pas les Écossais; excusez, M. Yellowley; c'est-à-dire je les aimerais assez s'ils voulaient se tenir tranquilles chez eux, et nous laisser vivre en paix au milieu de nos concitoyens, selon nos mœurs et nos usages : s'ils voulaient seulement rester chez eux jusqu'à ce qu'ils me vissent venir pour les chasser, comme un vieux Berserkar, je les y laisserais en repos jusqu'au jour du jugement. Avec ce que la mer nous envoie, et ce que la terre nous prête, comme dit le proverbe, et quelques bons voisins pour nous aider à consommer tout cela, je pense, saint Magnus soit loué! que nous sommes encore trop heureux.

— Je sais ce que c'est que la guerre, dit un vieillard, et j'aimerais autant traverser le Roost dans une coquille de noix ou une barque encore plus dangereuse, que de m'y exposer de nouveau.

— Mais, je vous prie, dans quelle guerre s'est donc exercée votre valeur? dit Halcro, qui, bien qu'un sentiment de respect l'empêchât de contredire son hôte, ne voulait rien abandonner de son argument.

— Je fus pris par *la presse*, répondit le vieux triton, et forcé de servir sous Montrose, lorsqu'il vint ici, vers l'an 1651, et qu'il emmena plusieurs d'entre nous, bon gré mal gré, pour leur faire couper la gorge dans les déserts de Strathnavern. — Je ne l'oublierai jamais. — Nous eûmes bien de la peine à nous procurer des vivres : que n'aurais-je pas donné pour une tranche de bœuf de Burgh-Westra! ou même pour un plat de sillocks? Lorsque nos montagnards amenèrent un troupeau d'excellens *kyos* (1), nous ne fîmes pas beaucoup de cérémonie, car nous les tuâmes à coups de fusil, nous les dépouillâmes et les fîmes rôtir et griller, selon que chacun le trouva plus commode. Mais à peine portions-nous le morceau à la bouche, que nous entendîmes le bruit de plusieurs chevaux, puis deux ou trois coups de fusil, enfin une salve tout entière. Alors, pendant que les officiers nous criaient de tenir bon, et que la plupart d'entre nous regardaient de quel côté on pour-

(1) Petits bœufs des montagnes d'Écosse. — É. D.

rait se sauver, tout à coup fondirent sur nous fantassins et cavaliers, suivis du vieux John Urry ou Hurry, ou n'importe comment on l'appelle, qui nous renversa ce jour-là, et nous tailla en pièces par-dessus le marché. Nous commençâmes à tomber aussi vite que les bœufs que nous avions abattus cinq minutes auparavant.

— Et Montrose, dit la douce voix de la gracieuse Minna, que devint-il? et de quel œil voyait-il cette défaite?

— Comme un lion qui a les chasseurs devant lui, répondit le vieux Shetlandais; mais je ne regardai pas deux fois le chemin qu'il prenait; le mien était droit à travers la colline.

— Ainsi vous l'abandonnâtes? dit Minna du ton du plus profond mépris.

— Ce ne fut pas ma faute, miss Minna, répondit le vieillard un peu déconcerté : je n'étais pas là de plein gré; et d'ailleurs, à quoi pouvais-je être bon? tous les autres s'enfuyaient comme des moutons; pourquoi serais-je resté?

— Vous seriez mort avec lui, dit Minna.

— Et vous eussiez vécu éternellement avec lui dans des vers immortels, ajouta Claude Halcro.

— Je vous remercie, miss Minna, répondit le simple Shetlandais; je vous remercie, mon vieil ami Claude; mais j'aime mieux boire à vos santés avec cette bonne ale, comme un vivant que je suis, que de vous procurer le plaisir de faire des chansons en mon honneur parce que je serais mort depuis quarante ou cinquante ans : mais au surplus, qu'on prît la fuite ou qu'on se battît, c'était la même chose. Montrose fut pris, le pauvre Montrose! malgré tous ses exploits; et ils me prirent aussi, moi qui n'avais fait aucune prouesse. Ils le pendirent, le pauvre homme! et quant à moi...

— J'espère que vous fûtes étrillé et fustigé, dit Cleveland impatienté du long récit de la poltronnerie du paisible Shetlandais très-peu sensible à la honte.

— On fouette et on étrille les chevaux, dit Magnus. Vous n'avez sans doute pas la vanité de croire qu'avec tous vos airs de tillac vous pourrez faire rougir le pauvre voisin Haagen de ne pas s'être fait tuer il y a quelques vingtaines d'années. Vous avez envisagé la mort, vous-même, mon brave et jeune ami, mais c'était avec les yeux d'un jeune homme qui désirait faire parler de lui. Pour nous, nous sommes des gens paisibles, c'est-à-dire autant qu'on le sera avec nous et que personne n'aura l'impudence de nous offenser, nous ou nos voisins; car alors peut-être ne trouverait-on pas notre sang septentrional plus froid que ne l'était celui des anciens Scandinaves à qui nous devons nos noms et notre lignage.

— Allons, la danse de l'épée, afin que les étrangers qui sont parmi nous puissent voir que nos mains et nos armes ne sont pas tout-à fait étrangères les unes aux autres.

On tira à la hâte d'un vieux coffre une douzaine de coutelas dont les lames rouillées prouvaient qu'elles sortaient rarement du fourreau; on en arma six jeunes Shetlandais auxquels se joignirent six jeunes filles conduites par Minna Troil. Les ménétriers commencèrent aussitôt un air approprié à l'ancienne danse norwégienne, dont les évolutions martiales sont peut-être encore pratiquées dans ces îles lointaines.

Les premiers pas étaient gracieux et majestueux. Les

jeunes gens tenaient leurs épées levées, sans faire beaucoup de gestes; mais l'air et les mouvemens des danseurs devenaient progressivement plus rapides, leurs épées s'entre-choquaient en mesure, avec une vivacité qui donnait à cet exercice un air de danger aux yeux des spectateurs; quoique la fermeté, la justesse et la cadence réglée avec lesquelles ils mesuraient leurs coups, les rendissent très-peu à craindre. Ce qu'il y avait de plus singulier dans ce spectacle, c'était le courage des femmes, qui, tantôt entourées par les combattans, ressemblaient aux Sabines entre les mains de leurs amans romains, et tantôt marchant sous l'arche d'acier que les jeunes gens avaient formée en croisant leurs armes sur la tête de leurs jolies danseuses, ressemblaient aux Amazones lorsqu'elles se mêlèrent pour la première fois aux danses pyrrhiques avec les compagnons de Thésée. Mais celle qui parmi ces jeunes filles était la plus remarquable et se prêtait le mieux à l'illusion de ce tableau, était Minna Troil, qu'Halcro avait surnommée depuis long-temps la *Reine des Épées*. Elle figurait au milieu des acteurs de ce jeu martial, comme si tous ces fers étincelans eussent été les attributs de sa personne et ses jouets favoris. Lorsque les danseurs tracèrent des *dédales* moins compliqués, lorsque le choc continuel des armes faisait tressaillir plusieurs de ses compagnes et leur arrachait des signes de frayeur, ses joues, ses lèvres et ses yeux semblaient annoncer qu'au moment où les sabres étincelaient et se choquaient le plus autour d'elle, elle était plus calme et dans son élément. Enfin lorsque la musique eut cessé, et qu'elle resta un instant seule d'après la règle de la danse, les combattans et les jeunes filles, qui s'éloignaient, semblaient les gardes et les suivantes de quelque princesse, qui, congédiés par un geste, la laissaient un moment dans la solitude. Son regard et son attitude, plongée, comme elle l'était sans doute, dans quelque rêverie de son imagination, correspondaient admirablement avec la dignité idéale que le spectateur lui attribuait; mais, revenue bientôt à elle-même, elle rougit en sentant qu'elle avait été un instant l'objet de l'attention générale, et donna avec grace sa main à Cleveland, qui, bien qu'il n'eût pas fait partie de la danse, prit sur lui de la reconduire à sa place.

Mordaunt Mertoun put remarquer, lorsqu'ils passèrent devant lui, que Cleveland dit quelque chose à l'oreille de Minna, dont la réponse fut accompagnée de plus d'embarras qu'elle n'en avait montré lorsqu'elle avait soutenu les regards de toute l'assemblée. Les soupçons de Mordaunt furent éveillés par ce qu'il avait vu. Il connaissait parfaitement le caractère de Minna, et savait avec quelle égalité d'ame et quelle indifférence elle avait coutume de recevoir les complimens et les galanteries que son rang et sa beauté lui attiraient journellement de toutes parts. — Est-il bien possible qu'elle aime réellement cet étranger? — Telle fut la pensée chagrine qui vint tout à coup s'offrir à l'esprit de Mordaunt. — Et si elle l'aime, que m'importe, après tout? — Cette seconde pensée fut immédiatement suivie d'une autre. Bien qu'il n'eût jamais réclamé d'elle d'autre sentiment que celui de l'amitié, et que ce sentiment lui fût refusé maintenant, il avait encore le droit, à cause de leur ancienne liaison, d'éprouver du chagrin et même de la colère, en la voyant accorder son affection à un homme qu'il en jugeait si indigne. Il est probable que, dans ce raisonnement, un peu de vanité mortifiée, ou quelque ombre de regret, pouvait bien prendre le masque d'une générosité désintéressée; mais il y a tant de vil alliage dans nos meilleures pensées, qu'il est triste de critiquer trop sévèrement les motifs de nos meilleures actions; ce qu'on peut faire de mieux, c'est de recommander à chacun de laisser passer celles de ses voisins sans trop chercher à les approfondir, quelque soin qu'il consacre à examiner la pureté des siennes.

A la danse des épées succédèrent plusieurs évolutions et des chansons, que les chanteurs firent valoir par leur enthousiasme, pendant que l'auditoire faisait chorus en répétant quelque refrain favori. C'est surtout dans ces occasions que la musique, quoique simple et même d'un caractère grossier, exerce son empire naturel sur les cœurs, et produit cette émotion que ne sauraient inspirer les compositions les plus savantes des premiers maîtres. Celles-ci ne disent rien à des oreilles non exercées, quoique sans aucun doute elles procurent un vrai ravissement à ceux que leurs facultés naturelles et leur éducation ont mis en état de comprendre et de goûter les combinaisons difficiles de l'harmonie.

Il était environ minuit lorsqu'un coup à la porte du manoir et le son du *gue* et du *langspiel* annoncèrent par leur charivari l'arrivée de nouveaux convives, à qui, selon la coutume hospitalière du pays, les appartemens furent aussitôt ouverts.

CHAPITRE XVI.

« Oui, j'ai l'esprit troublé de noirs pressentimens.
» Ce jour sera suivi d'affreux événemens
» Que le ciel, par pitié, d'un voile couvre encore. »

SHAKSPEARE. *Roméo et Juliette.*

Les nouveaux venus, suivant l'usage assez généralement adopté dans tous les temps et dans tous les pays pour de semblables fêtes, s'étaient masqués de manière à représenter des tritons et des sirènes, êtres dont une ancienne tradition et la croyance populaire ont peuplé les mers du nord. Les premiers, que les Shetlandais nommaient alors *shoupeltins*, étaient représentés par des jeunes gens vêtus d'une manièregrotesque, avec une étoffe grossière nommée wadmaal, d'un bleu verdâtre, et qu'on fabrique dans ces iles. De faux cheveux et de fausses barbes de filasse changeaient toute leur physionomie, ils portaient des couronnes de corail, de coquillages, et d'autres productions marines qui ornaient aussi leurs manteaux. Claude Halcro, dont le goût classique avait présidé à cette mascarade, n'avait pas oublié de mettre une conque entre les mains de deux de ces tritons qui en tiraient fréquemment des sons aigus et discordans, au grand désespoir des oreilles de leurs voisins. Les autres étaient armés de tridens et d'autres emblèmes des divinités aquatiques.

Les sirènes qui les accompagnaient montraient en cette occasion, comme c'est l'usage, un peu plus de goût dans leur costume et leur parure, que les dieux marins qui leur servaient d'escorte. Des vêtemens de soie et d'autres étoffes précieuses de couleur verte avaient été taillés au gré de leur fantaisie, de manière à répondre à l'idée qu'elles se formaient des habitantes de la mer, et surtout à faire valoir la taille, les formes et les traits des belles mortelles qui les portaient. Les colliers et les bracelets de coquillages qui ornaient le cou, les bras et le bas des jambes de ces jolies sirènes, étaient souvent entremêlés de perles fines; et au total elles n'auraient pas été déplacées à la cour d'Amphitrite, surtout en prenant en considération les longs cheveux blonds, les grands yeux bleus, le teint blanc comme la neige, et les traits agréables de ces charmantes filles de Thulé. Nous n'affirmerons pas qu'aucune de ces pseudo-sirènes eût porté l'exactitude de l'imitation aussi loin que les suivantes de Cléopâtre, qui, selon les commentateurs, ayant adopté la queue de poisson de sirènes véritables, n'en avaient pas moins la facilité de trouver des graces dans tous leurs mouvemens (1); il nous semble même

(1) *Voyez* une admirable discussion sur ce passage, dans le *Shakspeare variorum*. (*Note de l'Auteur**.)

(*) Le mot *bends*, lu *end*, a occasioné la méprise, si c'en est une. *Voyez* la fameuse description de Cléopâtre, dans *Antoine et Cléopâtre*, de Shakspeare.

Éd.

LE PIRATE. 15

que si elles n'avaient laissé leurs extrémités inférieures dans leur état naturel, elles n'auraient pu récompenser, comme elles le firent, la compagnie qui avait bien voulu les admettre, en exécutant devant elle une très-jolie danse.

On découvrit bientôt que ces tritons et ces sirènes étaient, non des étrangers, mais une partie de la société, qui, s'étant retirée quelque temps auparavant, avait pris ce déguisement pour varier les plaisirs de la soirée. La muse de Claude Halcro, toujours active dans ces occasions, leur avait fourni des chansons adaptées à la circonstance, et dont nous pouvons donner l'échantillon ci-après. Chaque couplet était chanté alternativement par une sirène et un triton, et chaque troupe formait un chœur qui accompagnait la principale voix et répétait le refrain.

UNE SIRÈNE.

Dans nos cavernes solitaires,
Dont la perle orne les lambris,
Nous chantons les héros, vos pères,
Les vieux comtes du temps jadis.
Le bruit des vents et du tonnerre
N'est pas pour nous plus alarmant
Que ne l'est pour une bergère
Le soupir d'un fidèle amant.
Mais quoique dans le sein des ondes
La paix règne toujours pour nous,
Nous quittons nos grottes profondes,
Fils de Thulé, pour danser avec vous.

CHŒUR DES SIRÈNES.

Mais quoique dans le sein des ondes
La paix règne toujours pour nous,
Nous quittons nos grottes profondes,
Fils de Thulé, pour danser avec vous.

LE PIRATE.

UN TRITON.

Occupés après un orage
A dompter les monstres divers
Dont si souvent l'aveugle rage
Veut troubler le repos des mers,
Nous surveillons de la tempête
La naissance comme la fin,
Et du sort qui pour lui s'apprête
Nous avertissons le marin.
Mais quoique dans le sein des ondes
Mille travaux soient prêts pour nous,
Nous quittons nos grottes profondes,
Fils de Thulé, pour chanter avec vous.

CHOEUR DES TRITONS.

Mais quoique dans le sein des ondes
Mille travaux soient prêts pour nous,
Nous quittons nos grottes profondes,
Fils de Thulé, pour chanter avec vous.

UNE SIRÈNE ET UN TRITON.

De nos cavernes ténébreuses,
Nous avons entendu vos voix,
Car le bruit des fêtes heureuses
Jusqu'à nous perce quelquefois.
Nous sommes amis du courage
Qui sous nos yeux s'est signalé,
Et nul n'en montra davantage
Que les braves fils de Thulé.
Aussi de nos grottes profondes,
Vous le voyez, nous sortons tous,
Et nous quittons le sein des ondes,
Pour danser, rire, et chanter avec vous.

CHOEUR GÉNÉRAL.

Aussi de nos grottes profondes,
Vous le voyez, nous sortons tous,
Et nous quittons le sein des ondes,
Pour danser, rire, et chanter avec vous.

Les tritons portant des conques furent les seuls qui ne joignirent pas leurs voix à ce dernier chœur, mais ils ajoutèrent une sorte d'accompagnement qui, quoique un peu grossier, ne laissait pas de produire un assez bon effet. La poésie, la musique et la danse furent vivement applaudies par tous ceux qui prétendaient être en état de juger, et même par Triptolème Yellowley, qui pourtant ne put s'empêcher de dire tout bas à Mordaunt que c'était véritablement dommage d'avoir gâté tant de bon chanvre pour faire de fausses barbes et de fausses chevelures aux tritons.

Mordaunt n'avait pas le temps de songer à lui répondre : toute son attention était exclusivement occupée à suivre les mouvemens d'une femme de la mascarade, qui, par un signe, lui avait fait comprendre, en entrant, qu'elle avait quelque communication importante à lui faire. Cette sirène, qui, sans se faire connaître, lui avait pressé le bras, en accompagnant ce geste d'un coup d'œil expressif, était déguisée avec beaucoup plus de soin que les autres. Sa mante était lâche et assez large pour cacher entièrement sa taille, et son visage était couvert d'un masque de soie. Il remarqua en ce moment qu'elle s'éloignait peu à peu des autres masques ; elle se plaça près d'une porte ouverte, comme si elle eût eu besoin de prendre l'air, le regarda encore avec un mouvement significatif, et saisissant le moment où l'attention de toute la compagnie se portait sur les autres sirènes et leurs compagnons, elle sortit de l'appartement.

Mordaunt n'hésita pas à suivre son guide mystérieux, car nous pouvons donner ce nom à la sirène ; elle s'arrêta un moment, pour qu'il pût voir le chemin qu'elle prenait; marchant ensuite à grands pas, elle gagna les bords du voe ou lac d'eau salée qui était devant eux, et dont les eaux légèrement agitées réfléchissaient les rayons de la lune, alors dans son plein; aussi, avec le crépuscule qui règne dans ces régions pendant le solstice d'été, on n'avait guère à regretter l'absence du soleil, dont les traces étaient encore visibles sur les vagues du côté du couchant, tandis que l'horizon, du côté de l'est, commençait déjà à se parer des couleurs de l'aurore (1).

Mordaunt n'eut donc aucune peine à ne pas perdre de vue son guide déguisé qui dirigeait toujours sa course rapide vers les bords du lac, gravissant de petites collines, traversant quelques vallées, et faisant plusieurs détours entre les rochers. La sirène s'arrêta enfin dans un endroit où, aux jours de l'intimité de Mertoun avec la famille de Burgh-Westra, les filles de Magnus allaient souvent s'asseoir, quand le temps le permettait, sous un berceau abrité et solitaire. C'était donc là qu'il devait recevoir l'explication de cette conduite mystérieuse; car, après avoir hésité un instant, sa conductrice s'assit sur le banc de pierre. Mais des lèvres de qui allait-il la recevoir cette explication? Norna s'était d'abord présentée à son imagination, mais sa grande taille et son pas lent et majestueux ne permettaient pas de la confondre avec la sirène à démarche légère et à taille de fée qui l'avait précédé d'un pas si agile; en effet, on aurait pu la prendre pour une véritable néréide qui, restée trop long-temps sur le rivage et craignant le dé-

---

(1) Walter Scott a déjà peint en vers ces nuits brillantes du nord dans *Harold l'indomptable*. Voyez le *Chant* du prétendu page *Gulnar*, dans ce poëme. — Éd.

plaisir d'Amphitrite, se hâtait de regagner son élément natal. Puisque ce n'était pas Norna, il présumait que ce ne pouvait être que Brenda qui l'eût appelé ainsi à une conférence. secrète Mais, après s'être assise, elle ôta son masque, et se fit reconnaître.

Mordaunt n'avait certainement rien fait pour devoir craindre la présence de Brenda, mais telle est l'influence d'une timide retenue sur les jeunes gens vertueux des deux sexes, qu'il éprouva le même trouble dont il aurait pu être saisi s'il se fût trouvé devant une personne qu'il aurait injustement offensée. Brenda n'était pas moins embarrassée; mais comme elle avait elle-même cherché cette entrevue, et qu'elle sentait qu'elle devait être courte, elle fut forcée, en dépit d'elle-même, d'entamer la conversation.

— Mordaunt, lui dit-elle d'une voix tremblante, — pardon, c'est M. Mertoun que je devrais dire, vous serez surpris que je me sois permis une si étrange liberté.

— Ce n'est pas depuis ce matin, Brenda, répondit Mordaunt, qu'une marque d'amitié de vous ou de votre sœur pourrait me paraître étrange. Si je suis surpris de quelque chose, ce n'est pas de vous voir m'accorder une entrevue en ce moment, c'est de vous avoir vue chercher à me fuir depuis plusieurs heures. Au nom du ciel! Brenda, en quoi vous ai-je offensée? Pourquoi me traitez-vous d'une manière si extraordinaire?

— Ne suffit-il pas de vous dire, répondit Brenda en baissant les yeux, que tel est le bon plaisir de mon père?

— Non, Brenda, ce n'est point assez. Votre père ne peut avoir si soudainement changé d'opinion et de conduite à mon égard, sans avoir été cruellement trompé. Je ne vous demande que de m'apprendre quels reproches il croit avoir à me faire. Je consens que vous me rabaissiez dans votre estime au-dessous du dernier paysan de ces îles, si je ne puis prouver que ce changement n'a d'autre cause que la plus infame calomnie, ou quelque erreur bien extraordinaire.

— Cela peut être, — je l'espère, — et la preuve que je l'espère, c'est le désir que j'ai eu de vous voir en particulier. Mais il est bien difficile... il est impossible que je vous explique la cause du ressentiment de mon père. Norna lui en a parlé hardiment, et je crains qu'ils ne se soient séparés fâchés l'un contre l'autre. Or vous savez qu'il ne faut pas peu de chose pour cela.

— J'ai toujours remarqué que votre père accorde beaucoup d'attention aux conseils de Norna, et qu'il a plus d'indulgence pour ses singularités que pour celles de qui que ce soit, quoiqu'il ne paraisse pas croire au pouvoir surnaturel qu'elle s'attribue.

— Ils sont parens éloignés; ils étaient amis dans leur jeunesse. J'ai même entendu dire que le bruit avait couru autrefois qu'ils devaient s'unir plus étroitement; mais les singularités de Norna se manifestèrent immédiatement après la mort de son père, ce qui fit renoncer le mien à son projet d'hymen, en supposant qu'il l'eût jamais conçu. Il est certain qu'il conserve pour elle beaucoup d'égards; et puisqu'il s'est querellé avec elle à votre sujet, je crains que ce ne soit un signe que ses préventions contre vous sont profondément enracinées.

— Que le Ciel vous récompense! Brenda, s'écria vivement Mordaunt; qu'il vous comble de bénédictions pour le mot de préventions que vous venez de prononcer!— Vous avez toujours eu un bon cœur: — vous n'auriez pu conserver contre moi l'apparence même du ressentiment.

— Il est bien vrai que ce n'était qu'une apparence, dit Brenda en reprenant insensiblement le ton familier auquel elle était habituée depuis son enfance ; jamais je n'ai pu croire, Mordaunt, croire bien sérieusement c'est-à-dire, que vous ayez pu dire quelque chose d'offensant pour Minna et pour moi.

— Et qui ose m'en accuser? s'écria Mordaunt en s'abandonnant à toute l'impétuosité de son caractère ; qui ose m'en accuser et se flatter que sa langue sera en sûreté dans sa bouche? De par saint Magnus le martyr! je l'en arracherai pour en nourrir les corbeaux.

— Maintenant, dit Brenda, votre colère m'effraie, et va me forcer à vous quitter.

— Quoi! vous me quitteriez sans m'apprendre quelle est la calomnie dont on veut me rendre victime, et quel est le nom du calomniateur !

— Ce n'est pas une seule personne, dit Brenda en hésitant, qui a persuadé à mon père... je ne puis trop vous dire cela... mais bien des gens lui ont dit la même chose.

— Fussent-ils cent et davantage, pas un n'échappera à ma vengeance. — Saint martyr! m'accuser d'avoir parlé d'une manière offensante de ceux que j'estime et que je respecte le plus sous la voûte des cieux! mais je vais rentrer à l'instant, et il faudra que votre père me rende publiquement justice.

— N'en faites rien, pour l'amour du ciel! Mordaunt; n'en faites rien, si vous ne voulez me rendre la plus misérable de toutes les créatures.

— Dites-moi du moins si je devine juste en nommant ce Cleveland comme un de ceux qui m'ont calomnié.

— Non! s'écria Brenda avec vivacité; non : vous tombez d'une erreur dans une autre encore plus dangereuse. — Vous dites que vous avez de l'amitié pour moi, je veux vous prouver la mienne. — Mais calmez-vous, et écoutez ce que j'ai à vous dire. Notre entrevue n'a duré déjà que trop long-temps, et plus elle se prolonge, plus elle m'expose à de nouveaux dangers.

— Dites-moi donc ce que vous désirez de moi, dit Mordaunt vivement ému par l'affliction et la crainte qu'il remarquait en la pauvre Brenda; et croyez que si je ne le fais pas, c'est que vous me demandez l'impossible.

— Eh bien donc, ce capitaine... ce Cleveland....!

— Je le savais, de par le ciel! s'écria Mordaunt. J'étais convaincu que, de manière ou d'autre, cet aventurier se trouverait être la cause de ce malentendu et de tout le mal!

— Si vous ne voulez pas m'écouter patiemment, et garder le silence un instant, je n'ai plus qu'à me retirer. Ce que je voulais vous dire n'avait pas rapport à vous, mais à un autre, à ma sœur Minna. Ce n'est pas du ressentiment qu'elle a conçu contre vous que j'ai à vous parler, mais je veux vous entretenir de l'inquiétude que me donnent les attentions que le capitaine Cleveland a pour elle.

— Elles sont trop évidentes, trop marquées; et si mes yeux ne me trompent pas, elles sont reçues avec plaisir.

— C'est précisément ce que je crains. Et moi aussi j'ai été frappée de l'extérieur, des manières et de la conversation de cet homme.

— Son extérieur! A coup sûr, il est bien fait, ses traits sont bien ; mais, comme le dit le vieux Sinclair de Qucendale à l'amiral espagnol, au diable sa figure! J'en ai vu une plus belle à plus d'un pendu ! Ses manières pourraient le faire prendre pour un capitaine corsaire; et quant à sa conversation, il ressemble au compère des marionnettes, car il ne parle que de ses propres exploits.

— Vous vous trompez, Mordaunt; il ne parle que trop bien de tout ce qu'il a vu, de tout ce qu'il a appris. D'ailleurs il a voyagé dans beaucoup de pays éloignés; il a assisté à un grand nombre de combats, et il en parle avec autant d'esprit que de modestie. On croirait voir l'éclair de la foudre et entendre l'explosion du canon. Et il a bien d'autres sujets de conversation. — Les arbres magnifiques et les fruits délicieux des autres climats, — puis ces peuples qui, pendant toute l'année, ne portent pour tous vêtemens que des mousselines et les linons que nous portons à peine dans les plus grandes chaleurs de l'été.

— Sur ma foi, Brenda, il paraît connaitre parfaitement l'art d'amuser des jeunes dames.

— C'est la vérité, répondit Brenda du ton le plus naïf. Je vous assure que d'abord il me plaisait autant qu'à Minna; mais quoiqu'elle ait beaucoup plus d'esprit que moi, j'ai plus d'expérience du monde qu'elle, ayant vu un plus grand nombre de villes; car j'ai été une fois à Kirkwall et trois fois à Lerwick pendant que les vaisseaux hollandais y étaient, de sorte qu'il n'est pas si facile de m'en imposer.

— Et dites-moi, Brenda, quel motif vous a fait penser moins favorablement de ce jeune marin qui parait être si insinuant?

— D'abord, dit Brenda après un moment de réflexion, c'est que, quelque mélancoliques, quelque terribles que fussent les histoires qu'il nous racontait, il n'en était pas moins gai; et n'en riait ni n'en dansait pas moins.

— Et peut-être dansait-il alors moins souvent avec Brenda qu'avec sa sœur?

— Non, je ne le crois pas. — Et cependant je n'ai conçu aucun soupçon contre lui, tant que ses attentions se sont partagées également entre nous deux; car alors il n'était pas davantage pour nous, que vous-même, Mordaunt, que le jeune Swaraster, ou que tout autre jeune homme de nos îles.

— Mais pourquoi étiez-vous fâchée qu'il cherchât à plaire à votre sœur? il est riche, ou du moins il paraît l'être; vous le dites plein de talens, d'esprit et d'amabilité; pouvez-vous désirer quelque chose de plus dans un amant pour Minna?

— Vous oubliez qui nous sommes, Mordaunt, répondit la jeune Shetlandaise en prenant un air de dignité qui allait à ses traits aussi bien que le ton moins grave qu'elle avait pris jusque-là. Ces îles sont pour nous un petit monde, peut-être inférieur à toutes les autres parties de la terre, si du moins il faut en croire les étrangers, mais ce n'en est pas moins notre petit monde; et nous, les filles de Magnus Troil, nous y tenons le premier rang. Il me semble donc qu'il serait peu convenable que les filles des rois de la mer et des anciens comtes consentissent à se jeter à la tête d'un étranger qui arrive sur nos côtes au printemps, comme un oiseau de passage, sans que personne sache d'où il vient; et qui s'en ira peut-être à l'automne, sans qu'on sache davantage où il va.

— Et qui cependant peut déterminer une belle colombe des îles Shetland à l'accompagner dans cette émigration.

— Je ne veux pas entendre parler avec un ton de légèreté sur un pareil sujet, dit Brenda avec une sorte d'indignation. Minna est ainsi que moi fille de Magnus Troil, l'ami des étrangers, mais le père des îles Hialtland. Il leur accorde l'hospitalité dont ils ont besoin ; mais que le plus fier d'entre eux ne s'imagine pas qu'il peut, parce que tel est son bon plaisir, former une alliance avec sa maison.

Elle prononça ces mots avec beaucoup de chaleur, et ajouta d'un ton plus calme : — Non, Mordaunt, ne supposez pas que Minna soit capable d'oublier ce qu'elle doit à son père et au sang de son père, au point de penser à épouser ce Cleveland ; mais il est possible qu'elle prête l'oreille à ses discours, de manière à détruire tout espoir de bonheur pour elle. Elle est d'un caractère à se laisser aller avec trop de confiance à certains sentimens. Vous rappelez-vous Ulla Storlson, qui montait tous les jours sur le haut du promontoire de Vossdale pour chercher à apercevoir sur l'Océan la barque de son amant ? Quand je pense à sa démarche lente, à ses joues pâles, à ses yeux dont l'éclat s'obscurcissait peu à peu, comme la clarté d'une lampe qui va s'éteindre faute d'huile ; quand je me représente l'air d'empressement et presque d'espérance avec lequel elle gravissait le rocher, le matin, et l'abattement du désespoir peint sur son front quand elle en descendait en pensant à celui qu'elle ne devait plus revoir, — pouvez-vous être surpris que j'aie des inquiétudes pour Minna dont le cœur est formé pour conserver avec la même fidélité n'importe quelle affection qui parviendra à s'y introduire?

Brenda n'eut pas de peine à faire partager son émotion à Mordaunt; car indépendamment de l'accent mélancolique de sa voix, la lune et le crépuscule donnaient assez de clarté pour qu'il pût voir la larme qui brillait dans ses yeux, tandis qu'elle lui traçait un tableau dont son imagination lui faisait craindre que sa sœur ne devînt la copie.

— Non, s'écria-t-il, je ne suis pas surpris que vous éprouviez les craintes que la plus pure affection peut inspirer; et si vous pouvez m'indiquer en quoi je puis seconder votre tendresse pour votre sœur, vous me trouverez prêt à hasarder ma vie, comme je l'ai fait tant de fois pour vous aller chercher des œufs d'oiseaux sur les rochers. Mais, croyez-moi, si l'on m'a accusé auprès de vous ou de votre père d'avoir seulement eu la moindre pensée de vous manquer de respect ou d'égards, c'est un mensonge que l'enfer seul a pu inventer.

— Je vous crois, dit Brenda en lui présentant la main, et mon cœur se trouve soulagé d'un grand poids, maintenant que j'ai rendu ma confiance à un si ancien ami. Je ne sais en quoi vous pouvez nous aider, mais c'est par l'avis, je puis même dire par l'ordre de Norna, que j'ai cherché à avoir cet entretien, et je suis presque étonnée d'avoir eu assez de courage pour le soutenir jusqu'au bout. Maintenant vous savez tout ce que je puis vous dire des dangers que court ma sœur. Surveillez ce Cleveland; — mais gardez-vous bien de vous faire une querelle avec lui, car vous auriez trop certainement le dessous avec un soldat si expérimenté.

— Et pourquoi cela? Avec la force et le courage que le ciel m'a donnés, et avec une bonne cause à soutenir, ce Cleveland ne m'inspire pas plus de crainte qu'un autre.

— Eh bien, si ce n'est pas pour vous, du moins par égard pour Minna, pour mon père, pour moi, pour nous tous, évitez toute querelle avec lui. Contentez-vous de le surveiller, et tâchez de découvrir qui il est, et quelles sont ses intentions à notre égard. Il a parlé d'aller aux Orcades pour y prendre des informations sur le vaisseau-matelot qui faisait voile avec lui, mais les jours et les semaines s'écoulent, et il ne part point. Il tient compagnie à mon père à table, il conte à Minna des histoires sur des pays inconnus, des peuples étrangers, des guerres lointaines; le temps se passe ainsi, et l'étranger devient de jour en jour une connaissance plus intime, et semble faire une partie inséparable de notre famille, sans cesser d'être en même temps un inconnu, un étranger pour nous. — Adieu, maintenant; Norna espère encore vous réconcilier avec mon père, et elle vous prie de ne pas quitter demain Burgh-Westra, quelque froideur que mon père et ma sœur puissent vous témoigner. — Et moi aussi, ajouta-t-elle en lui tendant la main une seconde fois, et moi aussi, je dois vous montrer l'apparence de la froideur, mais au fond du cœur, nous sommes encore Brenda et Mordaunt. A présent, séparons-nous promptement, car il ne faut pas qu'on nous voie ensemble.

Mordaunt prit la main qu'elle lui présentait, et elle la retira avec une sorte de confusion, moitié en riant, moitié en rougissant, quand il voulut la porter à ses lèvres. Il s'efforça un instant de la retenir, car cette entrevue avait eu pour lui un charme qu'il n'avait jamais éprouvé dans aucun de ses tête-à-tête précédens avec Brenda; mais elle se dégagea, et lui faisant un signe d'adieu en lui montrant du doigt un chemin différent de celui qu'elle allait prendre, elle courut vers la maison, et ne fut bientôt plus visible à ses yeux.

Mordaunt, qui l'avait suivie de loin le plus long-temps possible, se trouva dans une situation à laquelle il avait été étranger jusqu'alors. On peut marcher long-temps et avec sûreté sur le terrain neutre entre l'amour et l'amitié, mais quand celui qui s'y trouve est sommé tout à coup de reconnaître l'autorité de l'une ou de l'autre de ces deux puissances, il arrive bien souvent qu'après ne s'être cru qu'ami pendant bien des années, il se sent tout à coup métamorphosé en amant. On devait s'attendre à une révolution semblable dans les sentimens de Mordaunt, quoiqu'il ne pût lui-même en reconnaître exactement la nature. Il se voyait tout à coup admis avec une franchise sans réserve dans la confiance d'une jeune personne charmante qu'il croyait, quelques instans auparavant, n'avoir pour lui que de l'indifférence et du mépris; et si quelque chose pouvait rendre encore plus enivrant un changement par lui-même si surprenant et si agréable, c'était la naïve simplicité de Brenda, qui prêtait un charme enchanteur à toutes ses paroles et à ses moindres gestes. Le moment où cette scène avait eu lieu avait peut-être aussi ajouté à son effet, quoiqu'elle n'en eût pas besoin, car de beaux traits paraissent encore plus séduisans à la clarté de la lune, et une voix douce reçoit une nouvelle douceur du calme d'une belle nuit d'été. Mordaunt, de retour à la maison, se trouva donc disposé à écouter avec plus de patience et de complaisance un éloge du clair de lune que lui fit Claude Halcro. L'enthousiasme du poète s'était éveillé par suite d'une petite promenade en plein air entreprise pour dissiper les vapeurs que des libations fréquentes avaient fait monter à son cerveau.

— Le soleil, dit-il à Mordaunt, est la lanterne qui avertit le pauvre ouvrier qu'il faut se lever et reprendre ses travaux. Sa funeste lumière, dès qu'elle paraît à l'orient, est un signal qui rappelle à chacun ses devoirs, ses obligations et ses misères. Mais parlez-moi de la lune; sa joyeuse clarté n'inspire que la gaieté et l'amour.

— Et la folie, à moins qu'on ne la calomnie, ajouta Mordaunt, uniquement pour dire quelque chose.

— A la bonne heure, répondit Halcro, pourvu que ce ne soit pas une folie noire. — Mon jeune ami, dans ce monde où nous sommes condamnés à nous donner tant de peine, on attache souvent trop d'importance à avoir l'esprit bien sain. On m'a souvent traité de cerveau fêlé; eh bien soit, en ai-je moins bien fait mon chemin dans le monde? — Mais un moment; où en étais-je? Ah! je parlais de la lune. Eh bien, la lune est l'ame et l'essence de la poésie et de l'amour. Je parie qu'il n'existe pas un véritable amant qui n'ait fait au moins un sonnet à son éloge.

— C'est la lune, dit le facteur qui commençait à avoir la langue fort épaisse, qui fait mûrir les grains, du moins à ce qu'assurent les vieilles gens. C'est encore elle qui remplit les noix, ce qui est un objet de moindre importance. *Sparge nuces, puer.*

— A l'amende! à l'amende! s'écria l'Udaller qui était alors à son apogée; le facteur parle grec! Par les reliques du saint dont je porte le nom! il boira la pinasse pleine de punch, à moins qu'il ne nous chante une chanson !

— Trop d'eau noya le meunier, répondit Triptolème. Ma tête n'a pas besoin d'être arrosée davantage ; c'est un lac au dessèchement duquel il faudrait plutôt travailler.

— Chantez donc, s'écria le despotique Udaller, car personne ne parlera ici d'autre langue que le norse, le hollandais, le dantzickois, ou du moins l'écossais. Allons, Eric Scambester, amenez la pinasse, et qu'elle ait cargaison complète.

L'agriculteur voyant la pinasse bien chargée s'avancer vers lui, quoique lentement, attendu que Scambester lui-même n'était plus en état de manœuvrer avec beaucoup de dextérité, fit un effort inspiré par le désespoir, avant l'arrivée du redoutable vaisseau, et se mit à chanter ou plutôt à croasser une ballade des moissonneurs du comté d'York, c'était la même que son père avait coutume de chanter quand il était un peu dans les vignes, sur l'air : — *Allons ! Dobbin, pars avec ta charrette.* — La physionomie lugubre du chanteur et les sons discordans de sa voix formaient un contraste si burlesque avec la gaieté de l'air et des paroles, que l'honnête Triptolème procura à la compagnie le même amusement que procurerait un convive arrivant un jour de fête, paré des vêtemens de son grand-père. Cette plaisanterie termina la soirée, car le dieu du sommeil avait soumis à son influence la tête solide de Magnus Troil lui-même. Ses hôtes se retirèrent, comme ils le purent, chacun dans le logement qui lui avait été assigné, et bientôt le silence le plus profond succéda à la plus bruyante des orgies.

CHAPITRE XVII.

« Les barques vont partir : chacun saisit le fer
» Qui va percer le flanc des monstres de la mer.
» On change en dard mortel l'instrument pacifique.
» Et la broche combat à côté de la pique.
» C'est l'instant de prouver que vous avez du cœur.
» Armez vos bras nerveux pour l'amour, pour l'honneur.
» Voyez de ces rochers les cimes solennelles
» Couvertes de vieillards, d'aimables jouvencelles. »

La Bataille des îles Summer.

Il est rare que la matinée qui succède à une fête semblable à celle de Magnus Troil ait ce piquant qui assaisonne les plaisirs de la veille. C'est ce que peut avoir observé le lecteur à la mode, dans un déjeuner public, pendant la semaine des courses de chevaux dans une ville de province; car, dans ce qu'on appelle la meilleure société, pendant ces momens où l'on ne sait que faire, chacun reste ordinairement dans son cabinet de toilette. On croira aisément qu'il n'existait point à

Burgh-Westra de semblables cabinets; il fallut donc que les jeunes filles, les joues un peu pâles; les graves matrones, bâillant et clignotant; et les hommes, tourmentés de migraines, se réunissent trois heures après s'être séparés.

Eric Scambester avait fait tout ce que homme pouvait faire pour fournir les moyens d'empêcher l'ennui de trouver place à la table sur laquelle était placé le repas du matin. Elle gémissait sous le poids d'énormes morceaux de bœuf salé et fumé à la manière du pays; de pâtés, de viandes cuites au four, de poisson apprêté de différentes façons. On y trouvait même du thé, du café et du chocolat; car, et nous l'avons déjà fait observer, la situation de ces îles y avait amené de bonne heure les diverses productions d'un luxe étranger, qui alors n'étaient encore que peu connues en Écosse, où, à une époque moins éloignée de nous que celle dont nous parlons, une livre de thé vert fut cuite et mangée comme un plat de choux, et une autre servit à faire une sauce pour du bœuf salé : telle était l'ignorance de ceux à qui ce présent avait été envoyé comme une chose rare.

Indépendamment de ces préparatifs, la table offrait encore ce que les *bons vivans* appellent *du poil de la bête* (1) : on y trouvait l'usquebaugh d'Irlande, la liqueur de Nancy, le véritable *schledamm*, l'eau-de-vie de Caithness, l'eau d'or d'Hambourg, du rum d'une antiquité vénérable, et tous les cordiaux des îles. Il est inutile de mentionner ensuite l'ale brassée à la maison, le *mum* d'Allemagne (2) et la forte bière de Schwartz. Nous

---

(1) En anglais, c'est *un poil du chien qui vous a mordu* (*hair of the dog that bit you*). — Éd.

(2) Appelé en France la bière de Brunswick. — Éd.

dérogerions encore davantage à notre dignité si nous entrions dans le détail des différentes sortes de potages, de gruau d'avoine, de bland, et d'autres espèces de laitage, destinées à ceux qui préféraient des liquides moins généreux.

Il n'est pas étonnant si la vue de tant de bonnes choses ranima les hôtes fatigués et réveilla leur appétit. Les jeunes gens cherchèrent les belles avec qui ils avaient dansé la veille, et recommencèrent les petits propos qui leur avaient fait passer la nuit si gaiement. Magnus, entouré des vieux Norses ses amis, joignant l'exemple au précepte, encourageait à attaquer sérieusement tout ce qui se trouvait sur la table. Cependant il n'en restait pas moins un long intervalle à parcourir avant le dîner, car le déjeuner le plus prolongé ne peut guère durer plus d'une heure. Il y avait lieu de craindre que Claude Halcro ne se chargeât de remplir cette lacune en débitant quelque pièce de vers objet de terreur, ou en racontant tout au long l'histoire de sa présentation au glorieux John Dryden. Le hasard préserva la compagnie rassemblée à Burgh-Westra du fléau dont elle était menacée, en lui procurant un amusement conforme à ses goûts et à ses habitudes.

La plupart des convives avaient déjà recours à leurs curedents, tandis que d'autres commençaient à s'entretenir de ce qu'ils pourraient faire, quand Eric Scambester, l'œil en feu, et un harpon à la main, accourut à la hâte pour informer la société qu'une baleine était échouée, ou peu s'en fallait, à l'entrée du voe. Comment décrire la joie, l'empressement, l'agitation et le tumulte dont cette annonce amena l'explosion? Une troupe de gentilshommes campagnards prêts à partir pour aller à la chasse des premiers coqs de bruyère de la saison, offrirait une comparaison qui ne rendrait que bien imparfaitement l'enthousiasme des convives et l'importance qu'ils attachaient à cet événement. Une battue dans les taillis de la forêt d'Ettrick pour y détruire les renards; la levée en masse des chasseurs du Lennox, quand un des daims du duc sort d'Inch-Mirran; et même le joyeux rendez-vous des chasseurs de renards avec l'agréable accompagnement du son des cors et des aboiemens des chiens, ne sont rien, absolument rien, auprès des transports qu'éprouvèrent les vaillans enfans de Thulé en partant pour aller combattre le monstre que la mer leur envoyait si à propos pour les amuser.

Les magasins de Burgh-Westra furent aussitôt mis à contribution, et l'on en tira toutes les armes qui pouvaient servir en pareille occasion. Les uns se saisirent de harpons, d'épées, de piques et de hallebardes; les autres se contentèrent de fourches, de broches, et de tous les instrumens longs et pointus qu'ils purent trouver. Armés ainsi à la hâte, ils formèrent deux divisions, dont l'une, sous le commandement du capitaine Cleveland, partit sur les barques qui étaient dans le petit havre, tandis que l'autre se rendait par terre au théâtre de l'action.

Le pauvre Triptolème vit échouer ainsi un plan qu'il venait de former, et qui avait pour but de mettre à l'épreuve la patience des Shetlandais en les régalant d'une dissertation sur l'agriculture et sur le parti qu'on pouvait tirer des terres du pays. Le tumulte soudain qu'occasiona cette nouvelle fut une digue qui arrêta à la fois les vers d'Halcro et la prose non moins formidable du facteur. On peut bien penser que celui-ci prit fort peu d'intérêt au sujet qui agitait tous les esprits, et il n'aurait pas même daigné jeter un coup d'œil sur la scène animée qu'allait offrir le lac, s'il n'eût été stimulé par les exhortations de mistress Baby.

— Mettez-vous en avant, mon frère, lui dit cette sœur prudente, mettez-vous donc en avant! Qui sait où peut tomber la bénédiction du ciel? On dit que chacun aura part égale, et une pinte d'huile vaudra son prix quand viendront les longues nuits dont on parle.
— Allons, allons, marchez. — Tenez, accrochez-vous à mon bras. Jamais cœur timide n'a gâté celui d'une belle dame. — Et qui sait si la graisse de cette créature ne sera pas bonne à manger dans sa fraîcheur? cela épargnerait le beurre d'autant.

Nous ne savons si la perspective de manger de la graisse de baleine en place de beurre ajouta au zèle de Triptolème; mais il est certain que, brandissant en ce moment l'instrument champêtre dont il était armé, c'est-à-dire une fourche, il partit avec grand courage pour aller combattre la baleine.

La situation dans laquelle le malheureux destin de l'ennemi l'avait placé était particulièrement favorable à l'entreprise des insulaires. Une marée d'une hauteur extraordinaire avait porté la baleine au-dessus d'une barre de sables à l'entrée du voe ou lac d'eau salée. Dès qu'elle sentit la marée se retirer, reconnaissant le péril elle avait fait les plus grands efforts pour repasser par-dessus la barre; mais bien loin d'améliorer sa position, elle n'avait fait que la rendre plus précaire, parce que s'étant jetée dans une eau peu profonde elle n'en était que plus exposée aux attaques des Shetlandais. Ils arrivaient en ce moment. Au premier rang se trouvaient les plus jeunes et les plus hardis, armés comme nous venons de le dire, tandis que les vieillards et les femmes montaient sur les rochers dont la cime dominait le lac, pour être témoins de leur courage et en exciter les efforts.

Comme les barques avaient à doubler un petit promontoire pour arriver à l'entrée du voe, ceux qui étaient venus par terre eurent le temps de faire une reconnaissance de la force et de la situation de l'ennemi qu'on se préparait à attaquer par terre et par mer.

Le général, aussi brave qu'expérimenté, ne voulut s'en rapporter d'abord qu'à ses propres yeux, et dans le fait son équipage et son habileté le rendaient digne de commander cette expédition. Il avait changé son chapeau à galon d'or pour un bonnet de peau d'ours; son habit de drap bleu, doublé d'écarlate, et galonné sur toutes les coutures, avait fait place au justaucorps de flanelle rouge garni de boutons de corne noire, sur lequel il portait une espèce de chemise de peau de veau marin, brodée sur la poitrine d'une manière curieuse, et semblable à celle dont se parent les Esquimaux, et quelquefois même les marins qui s'occupent de la pêche sur les côtes du Groënland. D'énormes bottes à l'épreuve de l'eau complétaient son costume, et il tenait en main un grand couteau à baleine, qu'il brandissait comme s'il eût été impatient de depécer l'énorme animal, c'est-à-dire d'en séparer la graisse de la chair et des os. Après un examen attentif, il fut obligé de convenir que l'entreprise à laquelle il avait conduit ses amis, quoique proportionnée à la magnificence de son hospitalité, présentait ses dangers et ses difficultés.

La baleine, qui avait plus de soixante pieds de longueur, restait dans un état d'immobilité parfaite dans la partie du voe où l'eau était la plus profonde, et semblait y attendre le retour de la marée, dont son instinct l'assurait probablement. On assembla sur-le-champ un conseil composé des harponneurs les plus expérimentés, et il fut décidé qu'on tâcherait d'entourer d'un nœud coulant la queue du léviathan engourdi, et qu'on attacherait les bouts du câble à des ancres placées sur le rivage, afin de l'empêcher de s'échapper si la marée arrivait avant qu'on eût pu l'expédier. Trois barques furent destinées à cette première entreprise difficile et dangereuse. L'Udaller prit lui-même le commandement de la première, et celui des deux autres fut destiné à Cleveland et à Mordaunt. Cette résolution une fois adoptée, on s'assit sur le rivage, en attendant l'arrivée des barques. Pendant cet intervalle, Triptolème Yellowley, mesurant des yeux le corps monstrueux de la baleine, se hasarda à dire que, dans son pauvre esprit, il pensait qu'un attelage de six bœufs, et même de soixante s'il s'agissait de bœufs du pays, ne serait pas en état de tirer sur le rivage une créature si énorme.

Quelque insignifiante que cette remarque puisse paraître au lecteur, elle tenait à un sujet qui ne manquait jamais d'échauffer le sang irritable de Magnus Troil. — Et quand cent bœufs ne seraient pas en état de la tirer sur le rivage, qu'est-ce que cela ferait? s'écria le vieil Udaller en regardant Triptolème d'un air sévère.

Le ton dont cette question était faite ne plut pas infiniment à M. Yellowley; il n'oublia pourtant pas ce qu'exigeaient de lui sa dignité et son intérêt. — Vous savez vous-même, M. Magnus Troil, dit-il, et quiconque est tant soit peu instruit doit le savoir, que les baleines d'une taille à ne pouvoir être tirées sur le rivage par un attelage de six bœufs, appartiennent de droit au grand amiral, qui est en même temps le noble lord chambellan de ces îles.

— Et moi je vous dis, M. Triptolème Yellowley, répliqua l'Udaller, et je le dirais à votre maître s'il était ici, que quiconque risquera sa vie pour s'emparer de cette baleine, en aura sa part conformément à nos bonnes et anciennes coutumes norses. Si parmi les femmes qui sont ici à regarder, il y en a quelqu'une qui touche seulement le câble, elle sera admise au partage; et pour peu qu'elle nous donne quelque raison pour cela, l'enfant encore à naître partagera comme les autres.

Le strict principe d'équité qui présidait à ce dernier arrangement, fit rire les hommes aux éclats, et rougir quelques femmes. Cependant le facteur crut qu'il serait honteux de céder si promptement la victoire. — *Suum cuique tribuito*, dit-il; je soutiendrai les droits de Milord ainsi que les miens.

— Oui-da! s'écria Magnus; eh bien, de par les reliques du saint Martyr! nous ne reconnaîtrons d'autres lois de partage que celles de Dieu et de saint Olave, qui étaient connues en ce pays bien long-temps avant qu'on eût entendu parler d'amiral, de chambellan, de trésorier et de facteur. Tous ceux qui coopèreront à la prise en auront leur part, et nul autre n'y touchera. Ainsi, monsieur le facteur, travaillez comme les autres, et estimez-vous heureux d'en avoir une part comme eux. Montez dans cette barque. — (Les barques venaient d'arriver en ce moment.) — Et vous, mes amis, faites place au facteur du lord chambellan;

qu'il ait l'honneur de porter le premier coup à la baleine.

Le ton d'autorité, la voix forte et l'air impérieux que donnait au vieil Udaller l'habitude de commander, comme aussi la conviction intime qu'éprouvait Triptolème que, parmi tous les spectateurs, il n'en existait pas un seul sur lequel il pût compter pour le soutenir, lui rendaient fort difficile de résister à cet ordre, quoiqu'il fût sur le point de se trouver dans une situation aussi nouvelle pour lui qu'elle était dangereuse. Il hésitait pourtant encore, et cherchait maladroitement à déguiser sa crainte et sa colère en feignant de prendre l'ordre de Magnus pour une plaisanterie, lorsque sa sœur Baby, s'approchant, lui dit à l'oreille : — Allez donc! avez-vous envie de perdre votre part de la graisse, quand nous allons avoir un long hiver pendant lequel le plus beau jour sera plus sombre que la nuit la plus obscure des Mearns?

Cet avis d'une sagesse prévoyante, joint à la crainte que lui inspirait l'Udaller, et à la honte qu'il avait de paraître moins brave que les autres, enflamma tellement le courage de l'agriculteur, que, brandissant en l'air la fourche qu'il tenait en main, il entra dans la barque tel que Neptune armé de son trident.

Les trois barques destinées à ce service périlleux voguèrent alors vers l'énorme cétacée qui était comme une île dans la partie du lac où l'eau avait le plus de profondeur: et qui les laissa approcher sans sortir de son état d'immobilité. Nos hardis aventuriers avançaient en silence et avec précaution; après une première tentative inutile, ils réussirent enfin à entourer la queue du monstre, toujours immobile, d'un long câble dont ils rapportèrent les bouts à terre, où cent mains s'occupèrent à les fixer à des ancres. Mais avant que ce travail fût terminé, la marée commença à monter, et l'Udaller s'écria qu'il fallait se hâter de tuer la baleine, ou du moins de la blesser dangereusement avant que la mer la mît à flot, sans quoi il était probable qu'elle leur échapperait. — Qu'on l'attaque donc sur-le-champ, s'écria-t-il, mais qu'on laisse au facteur l'honneur du premier coup.

Le vaillant facteur entendit ces paroles, et il est bon de dire que la patience que le monstre avait montrée en se laissant entourer d'un câble avait diminué beaucoup la terreur de Triptolème, et singulièrement ravalé la baleine dans son opinion. Il protesta qu'elle n'avait ni plus d'esprit, ni plus d'activité qu'une limace; et se laissant entraîner par le mépris que lui inspirait un ennemi nullement méprisable, il n'attendit ni un nouveau signal, ni une meilleure arme, et enfonça sa fourche de toutes ses forces dans le corps de l'infortuné colosse. Les barques ne s'étaient pas encore éloignées à une distance suffisante pour commencer l'attaque sans danger, quand la première escarmouche eut lieu d'une manière si peu judicieuse.

Magnus Troil, qui n'avait voulu que plaisanter avec le facteur, et qui avait dessein de se servir d'un bras plus expérimenté pour lancer le premier harpon; avait à peine eu le temps de s'écrier : — Prenez le large, mes amis, ou nous sommes coulés à fond, — quand le cétacée reprenant son activité en sentant les deux pointes de l'arme de Triptolème, fit jaillir en l'air une énorme colonne d'eau précédée d'un bruit semblable à l'explosion d'une machine à vapeur, et se mit à battre les vagues de sa queue formidable. Le déluge lancé par la baleine retomba sur la barque que montait Magnus, et l'aventureux facteur, qui avait eu sa bonne part de l'immersion, fut si étonné et si épouvanté des conséquences de son acte de bravoure, qu'il tomba en arrière au milieu de l'équipage trop occupé à faire force de rames afin de s'éloigner du danger, pour faire attention à lui. Il y resta quelques minutes, foulé aux pieds de ses compagnons; mais enfin l'Udaller ordonna qu'on s'approchât du rivage pour y débarquer le maladroit qui avait commencé l'attaque d'une manière si malencontreuse.

Pendant ce temps les autres barques s'étaient aussi retirées à une distance convenable, et de là comme du rivage, on faisait pleuvoir sur le malheureux colosse des mers une grêle de harpons, de traits de toute espèce et de coups de fusil, enfin on employait tous les moyens de destruction auxquels il était possible d'avoir recours, et qui pouvaient l'exciter à épuiser sa force et sa rage en efforts inutiles. Quand l'animal eut reconnu qu'il était entouré de tous côtés par des bas-fonds, et qu'il sentit en outre les liens dont on l'avait chargé, les mouvemens convulsifs qu'il fit pour s'échapper, accompagnés de sons qui ressemblaient à de profonds et bruyans gémissemens, étaient faits pour exciter la compassion, et il fallait être habitué à la pêche de la baleine pour ne pas en éprouver. L'eau qu'elle continuait à faire jaillir commençait à être teinte de sang, et la mer, autour d'elle, prenait peu à peu la même couleur. Cependant les assaillans ne perdaient pas leur temps, mais Mordaunt et Cleveland se faisaient particulièrement remarquer, et semblaient se disputer à qui montrerait le plus de courage contre un monstre si redoutable dans son agonie, et à qui lui porterait le coup mortel.

Enfin la victoire parut sur le point de se déclarer pour les assaillans; car quoique la baleine continuât à faire de temps en temps quelques tentatives pour recouvrer sa liberté, ses forces paraissaient tellement épuisées qu'il semblait impossible qu'elle pût se sauver, même à l'aide de la marée.

Magnus fit un signal pour qu'on se rapprochât de la baleine, et s'écria en même temps : — Courage mes amis, courage, elle n'est plus à moitié si furieuse. Allons, monsieur le facteur, songez à faire provision d'huile pour entretenir deux lampes pendant tout l'hiver à Harfra. A vos rames, mes amis, à vos rames!

Avant qu'on eût le temps d'obéir à cet ordre, les deux autres barques l'avaient anticipé, et Mordaunt, impatient de se distinguer au-dessus de Cleveland, avait enfoncé de toute sa force une demi-pique dans le corps du cétacée. Mais de même qu'une nation dont on aurait cru les ressources épuisées par des pertes et des calamités sans nombre, le léviathan réunit toutes les forces qui lui restaient pour faire un dernier effort, et cet effort lui réussit. La dernière blessure qu'il venait de recevoir avait sans doute pénétré au-dela de la couche épaisse de graisse dont sa chair était enveloppée, et atteint quelque partie plus sensible, car il poussa un mugissement terrible, lança bien haut dans les airs un jet d'eau et de sang, rompit comme un fil le câble qui le retenait, renversa d'un coup de queue la barque de Mordaunt, s'élança par-dessus la barre, aidé par la marée qui était alors à toute sa hauteur, et regagna la pleine mer, le dos chargé d'une forêt de traits de toute espèce, et laissant sur son passage un long sillon rouge sur les vagues (1).

—Voilà votre huile à vau-l'eau, maître Yellowley, dit Magnus, il faut que vous fassiez fondre de la graisse de mouton, ou que vous preniez le parti, cet hiver, de vous coucher dans les ténèbres.

—*Operam et oleum perdidi*, répondit Triptolème; mais, si jamais on me rattrape à la pêche d'une baleine, je consens qu'elle m'avale comme Jonas.

— Mais où est donc Mordaunt? s'écria Claude Halcro. Et l'on s'aperçut que ce jeune homme, étourdi par un coup qu'il avait reçu quand la barque avait été renversée, flottait sur l'eau privé de sentiment, et hors d'état de regagner le rivage à la nage comme l'avaient fait ses compagnons.

Nous avons déjà parlé de la superstition étrange et barbare qui faisait que les Shetlandais, à cette époque, n'osaient secourir un homme qui se noyait dans la mer, quoique ces insulaires fussent fréquemment exposés à de semblables dangers. Trois individus s'élevèrent pourtant au-dessus de cette crainte puérile. Le premier fut Claude Halcro qui, sans délibérer un instant, se précipita du haut d'un petit rocher dans la mer, oubliant, comme il le dit ensuite, qu'il ne savait pas nager, et que quand même il aurait eu la harpe d'Arion, il n'avait pas de dauphins à ses ordres. Mais il n'eut pas plus tôt touché l'eau qu'il se souvint de tout ce qui lui manquait pour accomplir sa généreuse entreprise, et re-

(1) Nous ne saurions nous dispenser d'indiquer ici au lecteur une comparaison entre ce chapitre de Walter Scott et celui où M. F. Cooper décrit aussi une pêche de la baleine dans *le Pilote*.

ÉD.

montant lentement sur le roc dont il était descendu si vite, il se trouva fort heureux de regagner le rivage après avoir pris un bain froid.

Magnus Troil, dont le bon cœur oublia la froideur avec laquelle il avait depuis peu traité Mordaunt, dès qu'il le vit en danger, fit aussi un mouvement pour se jeter dans le lac; mais Eric Scambester le retint par le bras.

— Arrêtez! arrêtez donc! lui dit ce fidèle serviteur. Le capitaine Cleveland tient déjà M. Mordaunt. Que ces deux étrangers courent le risque de se secourir l'un l'autre, rien de mieux; mais ce n'est pas pour eux qu'il faut risquer d'éteindre la lumière du pays. — Arrêtez donc, vous dis-je! on ne peut pêcher un homme dans le lac de Bredness aussi facilement qu'une rôtie dans un bol de punch.

Cette sage remontrance aurait été complètement perdue, si Magnus n'eût reconnu de ses propres yeux qu'elle était fondée sur la vérité. Cleveland s'était mis à la nage pour porter du secours à Mordaunt, et il le soutint sur l'eau jusqu'à ce qu'une barque vînt les prendre tous deux. Le mouvement de compassion éprouvé par l'honnête Udaller ne dura pas plus que le danger qui demandait un si prompt secours; et se rappelant les causes de mécontentement qu'il avait, ou qu'il croyait avoir contre Mordaunt, il s'éloigna du bord de l'eau, et se débarrassant d'Eric Scambester : — Tu n'es qu'un vieux fou, lui dit-il, si tu supposes que je m'inquiétais que ce jeune étourneau surnageât ou coulât à fond.

Mais tout en faisant ainsi parade d'indifférence, Magnus ne put s'empêcher de regarder par-dessus les têtes des insulaires rangés en cercle autour de Mordaunt, et qui, dès qu'il eut été ramené sur le rivage, firent charitablement tous leurs efforts pour le rappeler à la vie; l'Udaller ne put reprendre son air d'insouciance que lorsque, ayant vu le jeune homme rendu à l'usage de ses sens, il fut certain que cet accident n'aurait pas de suites sérieuses. Alors, proférant quelques malédictions contre les spectateurs qui n'avaient pas l'esprit de lui donner un verre d'eau-de-vie, il se retira d'un air d'humeur, comme s'il n'eût pris aucun intérêt à ce qu'il deviendrait.

Les femmes, ordinairement excellentes observatrices de leurs émotions respectives, ne manquèrent pas de remarquer que, quand les deux sœurs de Burgh-Westra virent Mordaunt plongé dans le lac, Minna devint pâle comme la mort, et Brenda poussa des cris perçans d'effroi. Les unes branlèrent la tête, les autres clignèrent de l'œil, et quelques-unes se dirent à l'oreille qu'on n'oubliait pas facilement une ancienne connaissance. Mais, au total, on convint généralement qu'il était bien naturel qu'elles donnassent de pareils signes d'intérêt quand elles voyaient le compagnon de leur enfance au moment de périr sous leurs yeux.

Au surplus cet intérêt qu'avait excité la situation de Mordaunt, tant qu'elle avait paru dangereuse, commença à se refroidir dès qu'il eut complètement recouvré l'usage de ses sens. Il ne resta près de lui que Claude Halcro et deux ou trois autres individus. Cleveland était debout à environ dix pas. Ses cheveux et ses vêtemens étaient encore dégouttans d'eau; et ses traits avaient une expression si particulière, qu'il fut impossible à Mordaunt de ne pas y faire attention. Ses lèvres semblaient vouloir laisser échapper un sourire en dépit de lui-même, son regard orgueilleux annonçait la satisfaction qu'éprouve un homme délivré d'une contrainte pénible, et quelque chose qui ressemblait au mépris. Halcro se hâta d'apprendre à Mordaunt qu'il devait la vie à Cleveland; et Mordaunt, n'écoutant plus d'autre sentiment que celui de la reconnaissance, se leva de terre, et s'avança vers le capitaine en lui présentant la main, pour lui faire ses remerciemens. Mais il s'arrêta de surprise en voyant Cleveland reculer d'un ou deux pas, les bras croisés sur la poitrine, et refuser la main qu'il lui offrait. Il recula, à son tour, d'étonnement en voyant l'air peu gracieux et le regard presque insultant du capitaine, qui jusqu'alors lui avait toujours montré de la cordialité, ou du moins de la franchise, changement qu'il ne pouvait concevoir à l'instant où il venait d'en recevoir un tel service.

— C'en est assez, dit le capitaine; il est inutile d'en parler davantage : j'ai payé ma dette, et maintenant nous sommes quittes.

— Vous êtes plus que quitte envers moi, M. Cleveland, dit Mordaunt, car vous avez risqué votre vie pour faire pour moi ce que j'ai fait pour vous sans courir le moindre risque. D'ailleurs, ajouta-t-il, voulant donner à la conversation une tournure de plaisanterie, j'y ai gagné un fusil.

— Il n'y a que des lâches, répondit Cleveland, qui fassent entrer le péril pour quelque chose dans leurs calculs. Le danger a été le compagnon inséparable de toute ma vie, et il a fait voile avec moi dans mille voyages bien plus importans. — Quant aux fusils, je n'en manque pas, et vous pourrez voir, quand cela vous plaira, lequel de nous sait le mieux s'en servir.

Il y avait dans le ton dont ces paroles furent prononcées quelque chose qui frappa Mordaunt, et elles semblaient couvrir quelques intentions hostiles. Cleveland vit sa surprise, et s'approchant de lui, il lui dit à l'oreille : — Écoutez-moi, mon jeune camarade, je vais vous faire connaître nos usages. Quand, nous autres aventuriers, nous donnons la chasse au même navire, et que nous cherchons à prendre l'avantage du vent l'un sur l'autre, une distance d'environ soixante pas sur le bord du rivage, et deux bons fusils, sont une manière toute simple d'arranger l'affaire.

— Je ne vous comprends pas, capitaine, dit Mordaunt.

— Je le crois, et je n'espérais pas que vous me comprendriez, répondit Cleveland ; alors, tournant sur ses talons avec un sourire tenant du mépris, il rejoignit la compagnie qui retournait à Burgh-Westra ; Mordaunt le vit bientôt auprès de Minna dont les regards animés semblaient le remercier de la générosité qu'il venait de montrer.

— Si ce n'était pour Brenda, pensa Mordaunt, je voudrais presque qu'il m'eût laissé dans le lac, car personne ne semble s'inquiéter si je suis mort ou vivant. — Soixante pas sur le bord du rivage et deux bons fusils ? — Oui ; c'est cela qu'il veut dire. — Eh bien ! nous pouvons en faire l'épreuve, mais ce ne sera pas le jour où il m'a sauvé la vie !

Pendant qu'il faisait ces réflexions, Eric Scambester disait à Halcro : — Si ces deux jeunes gens ne se portent pas malheur l'un à l'autre, je ne me nomme pas Eric.

— Mordaunt sauve la vie à Cleveland : fort bien ; et pour l'en récompenser, Cleveland lui coupe l'herbe sous le pied à Burgh-Westra. Or ce n'est pas peu de chose que de perdre les bonnes graces d'une maison où la bouilloire à punch ne se refroidit jamais. — Aujourd'hui Cleveland à son tour est assez fou pour aller pêcher Mordaunt dans le voe : qu'il y prenne garde! Mordaunt pourra bien lui donner des sillochs pour sa morue.

— Bon, bon, dit le poète, ce ne sont là que des rêveries de vieilles femmes, mon ami Eric; que dit le glorieux Dryden John, digne d'être canonisé (1)?

La bile qui nourrit vos ames insensées,
En peignant tout en jaune, engendre ces pensées.

—Saint John et même saint James peuvent bien s'être trompés sur ce point, répondit Eric, car je crois que ni l'un ni l'autre n'a jamais demeuré dans nos îles. Tout ce que je dis, c'est que ces deux jeunes gens se porteront malheur l'un à l'autre, ou il ne faut plus croire à rien. Or, si cela arrive, je souhaite que le guignon soit pour Mordaunt Mertoun.

— Et pourquoi, Eric, demanda Halcro avec vivacité et même avec aigreur, pourquoi souhaitez-vous du malheur à ce pauvre jeune homme qui vaut cinquante fois mieux que l'autre?

— Chacun juge à sa manière, répondit Eric. Votre M. Mordaunt ne songe qu'à l'eau comme son vieux chien barbet de père, au lieu que le capitaine Cleveland lève son verre en homme bien né et bien élevé.

— Excellent raisonnement! s'écria Halcro, et qui

---

(1) *Sainted.* — Le mot anglais prête à une équivoque. Éric croit qu'Halcro parle de saint Jean. — Tr.

sent bien tes fonctions. — Après ces mots le poète, rompant l'entretien, rejoignit les hôtes de Magnus, qui, alors à peu de distance de Burgh-Westra, s'occupaient, chemin faisant, à discuter les divers incidens de leur attaque inutile contre la baleine.

— J'espère, dit l'Udaller, que le capitaine Donderdrecht, de Rotterdam, n'entendra jamais parler de cette aventure, car il dirait en jurant par tous les tonnerres du ciel, que nous ne sommes bons qu'à pêcher des carrelets.

CHAPITRE XVIII.

> « Ouf! respirons. J'ai, je crois, pris des ailes
> » Pour t'apporter d'excellentes nouvelles;
> » Pour t'annoncer quels sont les prix courans,
> » Et qu'on va voir revenir le bon temps. »
>
> *Le vieux Pistol.*

La fortune, qui semble quelquefois avoir de la conscience, devait à l'Udaller le dédommagement du mauvais succès de la pêche. Elle s'acquitta envers lui dans la soirée du jour même, en amenant à Burgh-Westra un nouveau personnage. C'était le colporteur, ou, suivant le titre qu'il se donnait, le marchand forain Bryce Snailsfoot, qui arriva en grande pompe, juché lui-même sur un bidet, et suivi d'un autre conduit par un enfant à tête et pieds nus, et chargé d'une balle de marchandise deux fois plus gonflée que de coutume.

Bryce s'étant annoncé comme porteur d'importantes nouvelles, on le fit entrer dans la salle à manger; et suivant la simplicité primitive de ce siècle où l'on ne faisait pas acception de personnes, on le fit asseoir devant une table placée à l'un des angles de l'appartement, où on lui fournit abondamment tout ce dont pouvait avoir besoin un voyageur. L'hospitalité attentive du maître du logis ne permit pas qu'on lui fît aucune question avant qu'il eût complètement apaisé sa soif et son appétit. Alors il annonça avec cet air de suffisance que prend un voyageur arrivé d'une contrée éloignée, qu'il était venu la veille à Lerwick, après avoir fait un voyage à Kirkwall, capitale des Orcades, et qu'on l'aurait vu à Burgh-Westra dès le jour précédent, sans l'ouragan qu'il y avait eu à la hauteur du promontoire de Fitful-Head.

— Un ouragan! dit Magnus. Nous n'avons pas eu ici un souffle de vent.

— En ce cas, reprit le colporteur, il y a quelqu'un qui n'a pas passé tout son temps à dormir, et son nom commence par un N. Mais Dieu est au-dessus de tout.

— Mais quelles nouvelles dans les Orcades, Bryce? contez-nous-les : cela vaudra mieux que de nous parler d'un coup de vent.

— Des nouvelles, telles qu'on n'en a pas appris depuis trente ans, — depuis le temps de Cromwell.

— Est-ce qu'il y a une autre révolution? demanda Claude Halcro. Le roi Jacques est-il revenu comme autrefois le roi Charles?

— Ce sont des nouvelles, répondit le colporteur, qui valent vingt rois et autant de royaumes. Car, quel bien les *évolutions* nous ont-elles jamais fait? Et j'ose dire que nous en avons vu une douzaine, tant grandes que petites.

— Est-il arrivé quelque bâtiment de la compagnie des Indes? demanda Magnus Troil.

— Vous êtes plus près du but, Fowde, répondit Snailsfoot; mais ce n'est pas un bâtiment de la compagnie des Indes; c'est un bel et bon vaisseau armé en guerre, encombré de marchandises de toute espèce, et qu'on y vend à un prix si raisonnable, qu'un honnête homme comme moi peut procurer à tout le pays l'occasion de faire d'excellens marchés : vous en conviendrez quand je vous aurai fait voir ce que contient cette balle, car je réponds qu'elle sera plus légère quand je m'en irai que quand je suis arrivé.

— Oui, oui, dit l'Udaller, il faut que vous ayez fait de bons marchés, si vous en faites faire aux autres. Mais quel est ce vaisseau?

— Je ne puis vous le dire exactement. — Je n'ai parlé qu'au capitaine, qui est un homme fort discret. Mais il faut qu'il ait été à la Nouvelle-Espagne, car il est chargé de soieries, de satins, de vins, de sucre, de poudre d'or, et l'on n'y manque ni d'or ni d'argent monnayé.

— Mais à quoi ressemble ce bâtiment? demanda Cleveland, qui paraissait l'écouter avec beaucoup d'attention. Est-ce une frégate, une corvette?

— C'est un vaisseau très-fort, très-bien construit, une espèce de schooner ou de sloop qui, dit-on, fend l'eau comme un dauphin. Il porte douze pièces de canon, et il est percé pour vingt.

— Savez-vous quel est le nom du capitaine? demanda Cleveland d'un ton un peu plus bas que de coutume.

— Je ne l'ai entendu nommer que capitaine; et je me

suis fait une règle de ne jamais demander le nom de ceux avec qui je fais des affaires de commerce : car, je vous en demande pardon capitaine Cleveland, mais il y a plus d'un honnête capitaine qui ne se soucie pas d'attacher son nom à ce titre; et pourvu que nous sachions quelle affaire nous faisons, qu'importe que nous sachions à qui nous avons affaire?

— Bryce Snailsfoot est un homme prudent, dit l'Udaller en riant : il sait qu'un sot peut faire des questions auxquelles un sage ne se soucie pas de répondre.

— J'ai fait des affaires avec plus d'un commerçant dans ma vie, répliqua le colporteur, et je n'ai jamais vu d'utilité à mettre le nom d'un homme au bout de chaque phrase. Tout ce que je puis dire, c'est que ce capitaine est un galant homme, et qu'il ne manque pas de bontés pour ses gens, car ils sont aussi bien vêtus que lui-même. Les simples matelots ont des écharpes de soie, et j'ai vu maintes dames en portant de moins belles, qui se croyaient bien huppées. Quant aux boutons d'argent, aux boucles d'argent, et à d'autres vanités semblables, c'est à n'en pas finir.

— Les idiots! dit Cleveland entre ses dents. Puis il ajouta en élevant la voix : — Et je suppose qu'ils vont souvent à terre pour faire parade de leur magnificence devant les jeunes filles de Kirkwall?

— Pas du tout. Le capitaine ne permet à personne de descendre à terre sans que le maître d'équipage soit de la compagnie; et celui-ci est un gaillard comme il n'en fut jamais sur le tillac d'un navire. Vous trouveriez un chat sans griffes plus aisément que vous ne le verriez sans son coutelas et sa double paire de pistolets à sa ceinture. Tout l'équipage le craint autant que s'il était le commandant.

— Il faut que ce soit le diable ou Hawkins, s'écria Cleveland.

— Que ce soit l'un ou l'autre ou un composé de tous les deux, je vous prie de faire attention, capitaine, que c'est vous qui lui donnez ce nom, et que je n'y suis pour rien.

— Capitaine Cleveland, dit l'Udaller, il est possible que ce soit le même navire-matelot dont vous nous parliez.

— En ce cas, il faut qu'il ait joué de bonheur, car il semble en meilleure fortune que lorsque je m'en suis séparé. — Les avez-vous entendus parler d'un bâtiment qui faisait voile avec eux, Snailsfoot?

— Oui, vraiment, — c'est-à-dire qu'ils ont dit quelques mots d'un navire qu'ils croient avoir fait naufrage dans ces parages.

— Et leur avez-vous dit ce que vous en saviez? demanda l'Udaller.

— Du diable si j'ai été si sot! — S'ils avaient su ce qu'est devenu le navire, ils auraient voulu savoir ce qu'est devenue la cargaison ; et vous n'auriez pas voulu que j'attirasse sur la côte un vaisseau armé pour tourmenter de pauvres gens pour quelques rogatons jetés par la mer sur le sable.

— Indépendamment de ce qu'on aurait pu trouver dans votre balle, coquin que vous êtes! dit l'Udaller ; observation qui excita de grands éclats de rire. Magnus lui-même ne put s'empêcher de partager un instant la gaieté qu'inspirait son sarcasme; mais reprenant sur-le-champ son air sérieux, il ajouta d'un ton grave :

— Vous pouvez rire, mes amis, mais c'est un usage qui est la honte de votre pays, et qui attire sur lui la malédiction du ciel; et jusqu'à ce que nous apprenions à respecter les droits des malheureux qui font naufrage sur nos côtes, nous mériterons d'être vexés et opprimés comme nous l'avons été et comme nous le sommes encore par des étrangers.

Cette espèce de réprimande fit baisser la tête à toute la compagnie. Peut-être quelques-uns des convives entendaient-ils la voix de leur conscience qui leur faisait elle-même quelques reproches, mais tous sentaient qu'ils ne réprimaient pas d'une manière assez efficace la soif du pillage qui dévorait les classes inférieures. Cleveland prenant la parole dit avec gaieté : — Si ces braves gens sont mes camarades, je puis garantir qu'ils n'inquièteront jamais aucun habitant de ce pays pour quelques caisses, quelques hamacs et autres bagatelles semblables que le naufrage de mon pauvre sloop a jetés sur cette côte. Qu'importe que la mer ou Snailsfoot en ait profité? — Ouvre donc ta balle, Bryce; montre ta cargaison à ces dames; peut-être y trouverons-nous quelque chose qui leur plaira.

— Ce ne peut être le second vaisseau de Cleveland, dit Brenda à sa sœur à voix basse, il aurait montré plus de joie en apprenant son arrivée.

— Il faut que ce soit ce vaisseau, répondit Minna, car j'ai vu ses yeux briller à l'idée de rejoindre les compagnons de ses dangers.

— Ils peuvent avoir brillé, reprit Brenda en songeant qu'il pourrait profiter de cette occasion pour quitter ces iles; un œil qui brille ne peut pas toujours faire juger des sentimens du cœur.

— Au moins, répliqua Minna, vous pouvez ne pas interpréter défavorablement les pensées d'un ami. Alors, si vous vous trompez dans votre opinion, vous n'aurez rien à vous reprocher.

Pendant que ce dialogue avait lieu *a parte* entre les deux sœurs, Snailsfoot s'occupait d'ouvrir sa balle couverte d'une enveloppe de peau de veau marin, qui se fermait par le moyen de boucles et de courroies. Ce travail fut interrompu plusieurs fois par l'Udaller et plusieurs autres qui lui faisaient diverses questions relativement au navire nouvellement arrivé à Kirkwall.

— Les officiers allaient-ils souvent à terre? demanda Magnus. Comment étaient-ils reçus par les habitans?

— Parfaitement bien, répondit le marchand forain. Le capitaine et un ou deux de ses gens ont été au bal et autres vanités de la ville ; mais on a dit quelques mots sur les douanes et les droits à payer au roi, et quelques-uns des premiers de la ville qui ont voulu parler haut en qualité de magistrats ou autrement se sont pris de querelle avec le capitaine. Celui-ci a refusé de se soumettre à ce qu'on lui demandait, de sorte qu'il était naturel qu'on le reçût ensuite avec plus de froideur, et il parlait de conduire son vaisseau à Stromnell ou a Langhope, car il est à l'ancre sous les canons de la batterie de Kirkwall. Mais je crois que, malgré tout cela, il restera dans cette rade jusqu'après la grande foire d'été.

— Les habitans des Orcades, dit Magnus, semblent toujours chercher à serrer encore davantage le collier que la tyrannie des Écossais leur a mis autour du cou. N'est-ce pas assez que nous payions le scat et le watle, seuls droits exigés sous notre ancien gouvernement norse, sans qu'on vienne encore nous parler de douanes et de droits du roi ? Il est du devoir d'un honnête homme de résister à ces exactions. Je l'ai fait toute ma vie, et je le ferai jusqu'à la fin de mes jours.

Cette déclaration de Magnus Troil excita l'enthousiasme et lui valut les applaudissemens des convives, dont la plupart lui savaient plus de gré de ses principes relâchés relativement au paiement des droits formant le revenu public, qu'ils n'avaient été satisfaits de la rigueur de sa décision relativement aux effets jetés sur la côte par suite de naufrages. Ces sentimens étaient très-naturels chez des insulaires vivant dans des parages si écartés et soumis à maintes exactions arbitraires.

Mais l'inexpérience de Minna l'entraîna encore plus loin que son père; et elle dit à l'oreille à Brenda, non sans que Cleveland l'entendît, que c'était le défaut d'énergie des habitans des Orcades qui seul les avait empêchés de s'affranchir de la domination écossaise.

— Pourquoi, ajouta-t-elle, n'avons-nous pas profité des révolutions nombreuses qui ont eu lieu depuis un certain temps, pour secouer un joug qui nous a été injustement imposé, et nous remettre sous la protection du Danemarck le pays de nos pères? Pourquoi avons-nous hésité à le faire, si ce n'est parce que les habitans des Orcades ont contracté tant d'alliances avec nos oppresseurs, qu'ils sont devenus insensibles à l'impulsion du sang norse qu'ils tenaient des héros leurs ancêtres ?

La dernière partie de ce discours patriotique arriva jusqu'aux oreilles surprises de notre ami Triptolème, qui, ayant un dévouement sincère pour la succession protestante établie par la révolution, ne put retenir l'exclamation : — Le jeune coq apprend à chanter comme le vieux! — Pardon, miss, j'aurais dû dire la jeune poule, et je vous prie de m'excuser si j'ai dit quelque chose qui ne soit pas à propos, dans un genre ou dans l'autre. Mais c'est un heureux pays que celui où le père se déclare contre les droits dus au roi, tandis que la fille parle contre sa couronne! A mon jugement, cela ne peut finir que par l'arbre et le chanvre.

— Les arbres sont rares dans nos îles, dit Magnus; quant au chanvre, nous en avons besoin pour faire des voiles, et il n'en reste pas pour faire des cravates.

— Et quiconque prend ombrage de ce que dit cette jeune dame, s'écria Cleveland, agirait plus prudemment en cherchant une autre occupation pour sa langue et pour ses oreilles.

— Oui, oui, reprit Triptolème, à quoi bon dire des vérités qui ne plaisent pas davantage que du trèfle mouillé à une vache, dans un pays où les jeunes gens sont prêts à dégainer leur rapière si une jeune fille regarde quelqu'un de travers? Mais comment espérer de trouver de bonnes manières dans un pays où l'on appelle un soc de charrue un *markal ?*

— Maître Yellowley! dit le capitaine, j'espère que ce n'est pas de mes manières que vous parlez, et que vous ne les placez pas au nombre des abus que vous venez réformer ici. Toute expérience à ce sujet pourrait être dangereuse, je vous en avertis.

— Et difficile en même temps, répondit sèchement Triptolème. Mais ne craignez pas mes remontrances, capitaine; mes travaux ont pour objet les hommes et les choses de la terre, et non les hommes et les choses de la mer : — vous n'êtes pas de mon élément.

— Eh bien, soyons donc amis, mon vieil assemble-mottes, dit Cleveland.

— Assemble-mottes! reprit le facteur qui, pour faire une repartie, s'avisa de mettre à profit les études classiques de sa jeunesse. Ce mot composé me rappelle le Νεελφηγερέτα Ζεὺς. Peut-être y pensiez-vous vous-même. Dans quel pays avez-vous attrapé cette locution toute grecque (1)?

— J'ai voyagé dans les livres aussi bien que sur la mer, répondit le capitaine; mais mes dernières croisières ont été de nature à me faire oublier mes anciens voyages dans les connaissances classiques. — Eh bien, Bryce, es-tu venu à bout de désarrimer ta cargaison. Allons, fais-nous voir si tu as quelque chose qui mérite qu'on y jette les yeux.

Le rusé colporteur, d'un air content de lui-même, et avec un sourire malin, étala un assortiment de marchandises fort supérieures à celles qui se trouvaient ordinairement dans sa balle, notamment des étoffes rares et précieuses garnies de franges, brodées en fleurs sur des modèles arabesques, et travaillées avec tant d'art et de magnificence, que la vue en aurait ébloui une société plus habituée au luxe que les simples enfans de Thulé. Chacun restait plongé dans le silence de l'admiration, tandis que mistress Baby Yellowley, levant les mains vers le ciel, s'écriait que c'était un péché que de regarder seulement de telles extravagances, et que ce serait un crime pire qu'un meurtre que d'en demander le prix.

(1) Il y a dans le texte une équivoque intraduisible sur les mots *clod-compeller* et *cloud-compeller*, *assemble-mottes* et *assemble-nuages*. — Éd.

D'autres eurent pourtant plus de courage. Le marchand forain devait avoir fait lui-même une excellente affaire, à en juger par la modération du prix qu'il demanda, en déclarant qu'il exigeait tout juste un peu plus que rien, pour dire que la marchandise n'était pas tout-à-fait donnée. Le bon marché fut cause d'un débit rapide; car, dans les îles Shetland comme ailleurs, on achète souvent les objets par le désir de profiter d'une occasion qui paraît avantageuse, plutôt que par un besoin véritable. Ce fut d'après ce principe que lady Glowrowrum, faisant emplette de sept jupons et de douze corsets, fut imitée par plusieurs autres matrones prudentes, dans ce trait de prévoyante économie. L'Udaller acheta aussi différentes choses. Mais la meilleure pratique de Snailsfoot fut le capitaine Cleveland : en effet, il achetait tout ce qui paraissait fixer les yeux des dames pour leur en faire présent. Nous n'avons pas besoin d'ajouter qu'il n'oublia ni Minna ni Brenda.

— Je crains, capitaine, dit Magnus, que ces dames ne doivent regarder tous ces présens comme des souvenirs que vous voulez leur laisser, et que votre libéralité ne soit un signe assuré que nous sommes sur le point de vous perdre.

Cette phrase parut embarrasser celui à qui elle était adressée.

— Je ne sais pas trop, dit-il après avoir hésité un instant, si le bâtiment dont on vient de parler est celui qui faisait voile de conserve avec moi; il faut que je fasse une excursion à Kirkwall pour m'en assurer; mais dans tous les cas j'espère revenir vous faire mes adieux à tous.

— Eh bien, reprit l'Udaller, je crois que je puis vous y conduire. Il faut que j'aille à la foire de Kirkwall pour régler avec les marchands entre les mains de qui j'ai consigné mon poisson, et d'ailleurs j'ai souvent promis à Minna et à Brenda de la leur faire voir. Il est possible aussi que ce bâtiment, que ce soit le vôtre ou non, ait des marchandises qui me conviennent. Si j'aime à contempler mon magasin garni de danseurs, j'ai presque autant de plaisir à le voir plein de provisions de toute espèce. Nous irons aux Orcades dans mon brick, et je puis vous y offrir un hamac si vous le désirez.

L'offre parut si agréable à Cleveland, qu'après s'être épuisé en remerciemens, il parut décidé à donner des preuves du plaisir qu'il éprouvait en épuisant aussi sa bourse pour faire de nouveaux présens. L'air d'indifférence avec lequel il faisait passer des sommes assez considérables de sa poche dans celle du marchand forain, annonçait le dissipateur le plus prodigue, ou un homme dont la richesse était inépuisable, et mistress Baby dit tout bas à son frère — qu'il fallait que ce jeune homme, malgré le naufrage de son vaisseau, eût fait un voyage plus heureux que tous les capitaines de Dundee, arrivés sans accident dans leur port depuis un an.

Le ton d'aigreur avec lequel elle faisait cette remarque fut pourtant bien adouci quand Cleveland, dont le but semblait être ce soir d'acheter l'opinion favorable de tout le monde, s'approcha d'elle avec un vêtement qui, pour la forme, ressemblait au plaid d'Écosse, mais dont le tissu était d'une laine si fine, et si douce au toucher, qu'on l'aurait pris pour de l'édredon. — C'était, lui dit-il, une partie du costume des dames d'Espagne qu'elles nommaient *mantilla*; et, comme il allait parfaitement à la taille de mistress Yellowley, et qu'il convenait on ne pouvait mieux au climat des îles Shetland, il la priait de vouloir bien le porter pour l'amour de lui. La dame, avec autant de douceur et de condescendance que ses traits pouvaient en exprimer, non-seulement consentit à accepter cette marque de galanterie, mais permit même au donateur d'arranger la mantilla sur les os saillans de ses larges épaules, où, dit Claude Halcro, elle pourrait rester suspendue jusqu'au jugement dernier, aussi sûrement que si elle était accrochée à deux branches de porte-manteau.

Tandis que Cleveland faisait ce trait de galanterie, au grand amusement de toute la société, ce qui était probablement son principal but. Mordaunt achetait une petite chaîne d'or, dans le dessein de l'offrir à Brenda quand il en trouverait l'occasion. Le prix en fut fixé et la chaîne mise à part. Claude Halcro montra aussi quelque désir de se rendre acquéreur d'une boîte d'argent de forme antique destinée à contenir du tabac à fumer dont il avait l'habitude d'user avec profusion. Mais le barde avait rarement de l'argent comptant; et, dans le fait, grace à son genre de vie errante, il était encore plus rare qu'il en eût besoin. Bryce, ce soir-là, qui n'avait encore rien vendu qu'au comptant, protesta qu'il faisait un si modique profit qu'il ne pouvait accorder de crédit à aucun acquéreur. Mordaunt devina le sujet de leur conversation, par leurs gestes, le poète avançant avec un air d'envie le pouce et l'index vers la boîte, sur laquelle le colporteur appuyait le poids de toute sa main, comme s'il eût craint qu'elle pût trouver des ailes tout à coup pour voler dans la poche de Claude

Halcro. Mordaunt, en ce moment, souhaitant que les désirs de son vieil ami fussent satisfaits, jeta sur la table le prix de la boîte, et dit qu'il ne souffrirait pas que M. Halcro achetât cette boîte, attendu qu'il avait déjà conçu le projet de le prier de l'accepter en présent.

— Je ne veux pas aller sur vos brisées, mon cher jeune ami, dit le barde, — mais le fait est que cette boîte me rappelle celle du glorieux John Dryden, dans laquelle j'eus l'honneur de prendre une prise de tabac au café de Will, ce qui fait que j'ai plus de considération pour le pouce et l'index de ma main droite, que pour aucune autre partie de mon corps: seulement, il faut que vous me permettiez de vous en rendre le prix quand mon poisson salé d'Urkaster aura été vendu.

— C'est une affaire à régler entre vous, dit le colporteur en prenant l'argent de Mordaunt, la boîte est vendue et payée.

— Et comment osez-vous vendre une seconde fois ce que vous m'avez déjà vendu? — s'écria Cleveland en s'avançant tout à coup vers eux.

Tout le monde fut surpris de cette question faite avec une sorte de précipitation par Cleveland, qui, en finissant la toilette de mistress Baby, avait vu, non sans émotion, l'objet qu'il s'agissait de vendre. A cette demande qui fut faite d'un ton bref et arrogant, le colporteur, qui ne se souciait pas d'indisposer contre lui une si bonne pratique, se borna à répondre que Dieu savait qu'il n'avait nullement dessein de l'offenser.

— Comment, s'écria le marin en avançant la main vers la boîte et la chaîne, vous n'avez pas dessein de m'offenser, et vous vendez ce qui m'appartient! Rendez à monsieur son argent, et tâchez de maintenir votre barque sous le méridien de l'honnêteté.

Snailsfoot confus tira à contre-cœur sa bourse de cuir pour rendre à Mordaunt ce qu'il en avait reçu, mais celui-ci refusa de reprendre son argent.

— Vous avez dit vous-même, en présence de M. Halcro, dit-il, que la marchandise était vendue et payée, et je ne souffrirai pas que personne s'empare de ce qui m'appartient.

— Ce qui vous appartient, jeune homme! s'écria Cleveland; ces objets sont à moi. J'en avais parlé à Bryce un instant avant de quitter la table.

— Je... je... je ne vous avais pas bien compris, dit le colporteur qui désirait évidemment ne mécontenter ni l'un ni l'autre.

— Allons, allons, dit l'Udaller, je ne veux point entendre de querelles pour de semblables babioles : il est temps de passer dans la salle de bal. — C'était le nom qu'il donnait au magasin. — Et il faut que chacun y arrive de bonne humeur. Bryce conservera ces colifichets jusqu'à demain matin, et alors je déciderai moi-même à qui ils doivent appartenir.

Les lois de l'Udaller dans sa maison étaient aussi absolues que celles des Mèdes. Les deux jeunes gens se retirèrent de différens côtés en se lançant un regard de ressentiment.

Il est rare que le second jour d'une fête soit aussi amusant que le premier. L'esprit se ressent de la fatigue du corps, et ni l'un ni l'autre ne se trouve capable de recommencer ce qu'il a fait la veille. Le bal de Burgh Westra n'offrit donc pas tout-à-fait la gaieté qui y avait régné la soirée précédente; et il n'était qu'une heure du matin quand Magnus Troil, après s'être plaint de la dégénération des temps, et avoir regretté de ne pouvoir transmettre aux modernes Hialtlandais une partie de la vigueur qui l'animait encore, se vit forcé de donner à contre-cœur le signal d'une retraite générale.

Précisément en ce moment, Halcro prenant Mordaunt à part, lui dit qu'il avait un message pour lui de la part du capitaine Cleveland.

— Un cartel, sans doute, dit Mordaunt dont le cœur battait en prononçant ce mot.

— Un cartel! répéta Halcro : qui jamais a entendu parler d'un cartel dans ces îles paisibles? D'ailleurs me trouvez-vous l'air d'un homme qui se charge de porter des cartels! — Et à vous surtout? Je ne suis pas du nombre de ces *fous qui se battent*, comme dit le glorieux John, et ce n'est pas même tout-à-fait un message dont je suis chargé. Tout ce que je désire vous dire, c'est que je vois que le capitaine Cleveland a fort à cœur d'avoir les objets dont vous aviez aussi envie.

— Et je vous jure qu'il ne les aura pas.

— Écoutez-moi donc, Mordaunt. Il paraît qu'il a reconnu par des armoiries ou quelques autres marques qui se trouvent sur ces bijoux, qu'ils lui ont appartenu. Or, si vous me faisiez présent de la boîte, comme vous en aviez intention, je vous déclare que je ne l'accepterais que pour la lui rendre.

— Et Brenda en ferait peut-être autant, pensa Mordaunt. A présent que j'y ai mieux réfléchi, mon ancien ami, dit-il, je consens que le capitaine Cleveland ait les objets auxquels il attache tant d'importance, mais ce ne sera qu'à une seule condition.

— Vous gâterez tout, avec vos conditions; car,

comme le dit fort bien le glorieux John, les conditions ne sont que...

— Écoutez-moi bien : cette condition, c'est qu'il les recevra en échange du fusil que j'ai accepté de lui, et par ce moyen nous n'aurons aucune obligation l'un à l'autre.

— Je vois où vous en voulez venir. Voilà bien Sébastien et Dorax (1) ! — Eh bien, vous direz au colporteur qu'il peut remettre ces deux bijoux au capitaine, et moi j'informerai Cleveland des conditions auxquelles il peut se les procurer. Sans cela, Bryce serait homme à en recevoir le paiement deux fois, et je crois que sa conscience ne l'étoufferait pas pour cela.

A ces mots Halcro le quitta pour chercher Cleveland, et Mordaunt voyant au bout de la salle de danse Bryce Snailsfoot qui était une espèce d'être privilégié pour avoir ses entrées partout, il alla le trouver, et lui donna ordre de remettre au capitaine Cleveland, à la première occasion, les objets en litige.

— Vous avez raison, M. Mordaunt, dit le colporteur, vous êtes un jeune homme qui avez de la prudence et du bon sens : une réponse faite avec calme détourne la colère ; et moi-même je serai charmé de vous rendre service en tout ce qui concerne mon petit ministère. Entre l'Udaller de Burgh-Westra et ce capitaine Cleveland, un homme se trouve comme entre le diable et la mer. Or il est probable, au bout du compte, que l'Udaller aurait prononcé en votre faveur, car il aime la justice.

(1) Allusion à deux personnages de la tragédie de *Don Sébastien*, par Dryden. La scène de la réconciliation de ces deux ennemis est peut-être le chef-d'œuvre du poète dramatique. — Éd.

— Et il paraît que vous n'en faites pas grand cas, maître Snailsfoot, sans quoi il n'y aurait point eu de dispute. Le droit était si clairement de mon côté, que vous n'aviez besoin que de rendre témoignage à la vérité.

— Je dois convenir, M. Mordaunt, qu'il y avait de votre côté une ombre et une apparence de justice; mais la justice dont je me mêle n'a rapport qu'aux affaires de mon commerce, comme, par exemple, celle de donner la juste mesure à mes étoffes, à moins que l'aune dont je me sers ne soit un peu usée par un bout, attendu que je n'ai pas d'autre canne quand je voyage; d'acheter et de vendre à juste poids, vingt-quatre marcs pour un lispund; mais ce n'est pas mon affaire de rendre justice d'homme à homme comme un fowde ou un jurisconsulte des anciens *Lawtings* (1).

— C'est ce que personne ne vous demandait; mais vous pouviez rendre témoignage conformément à votre conscience, dit Mordaunt, qui n'était content ni du rôle que le colporteur avait joué pendant la contestation, ni de la manière dont il interprétait ses motifs pour céder à Cleveland la possession des objets contestés.

Mais Snailsfoot avait sa réponse prête.

— Ma conscience, M. Mordaunt, répliqua-t-il, est aussi délicate que celle d'aucun homme de ma profession, mais elle est un peu timide, elle n'aime pas le bruit; et quand elle entend quelqu'un parler bien haut,

---

(1) Le *Lawting* était le concile ou la cour suprême des îles Orcades et de Shetland, dont la constitution offrait le germe imparfait d'un parlement. — Éd.

elle parle si bas, si bas, que c'est tout au plus si je puis l'entendre.

Et vous n'êtes guère dans l'habitude de l'écouter, dit Mordaunt.

— Vous avez là, dit Bryce en lui mettant la main sur le cœur, ce qui vous prouve le contraire.

— Dans mon cœur! dit Mordaunt avec surprise; que voulez-vous dire?

— Je ne dis pas dans votre cœur, M. Mordaunt, mais par-dessus. Je suis sûr que personne ne verra le gilet qui vous couvre la poitrine, sans convenir que le marchand qui ne vous l'a vendu que quatre dollars avait de la justice, de la conscience, et de l'amitié pour vous, qui plus est. Ainsi vous ne devriez pas être fâché contre moi et me chercher querelle, parce que je n'ai pas voulu prendre parti dans une dispute qui ne me regardait pas.

— Fâché contre vous! vous êtes fou. Je ne vous cherche pas querelle.

— J'en suis bien aise, car jamais je n'aurai de querelle avec personne de mon plein gré, surtout avec une ancienne pratique; et si vous voulez m'en croire, vous n'en aurez point avec le capitaine Cleveland. Il ressemble à ces tapageurs qui viennent d'arriver à Kirkwall, et qui ne se feraient pas plus de scrupule de couper un homme par morceaux, que nous ne nous en faisons de dépecer une baleine. C'est leur métier de se battre, et ils ne vivent que de cela. Ils auraient donc tout l'avantage sur un jeune homme qui, comme vous, ne se bat qu'à la passade et par forme d'amusement, quand il n'a rien de mieux à faire.

Presque toute la compagnie était déjà dispersée; Mordaunt ayant souhaité le bonsoir au marchand forain, en riant de son avis prudent, se retira dans l'appartement qui lui avait été assigné par Eric Scambester qui remplissait à Burgh-Westra les fonctions de chambellan comme celles de sommelier. Cet appartement ne consistait qu'en une petite chambre située dans un des bâtimens extérieurs, et où il n'avait d'autre lit qu'un hamac de matelot.

CHAPITRE XIX.

« Passant, comme la nuit, de rivage en rivage,
» D'un étrange pouvoir le ciel m'a fait le don.
» Parmi les étrangers venant en ce canton,
» Je reconnais celui qu'il faut que je poursuive,
» Et qui doit me prêter une oreille attentive. »

La ballade du vieux Marin, par COLERIDGE.

Les filles de Magnus Troil partageaient le même lit, dans une chambre qui avait été celle de leurs parens avant la mort de leur mère. Magnus, profondément affligé par ce cruel décret de la Providence, n'avait pu se résoudre à habiter plus long-temps la chambre nuptiale, et l'avait abandonnée aux gages qui lui restaient de la tendresse de son épouse. Minna n'avait encore que quatre à cinq ans quand sa mère était morte. Cet appartement qu'elles habitaient depuis leur enfance, et que leur goût avait décoré aussi bien qu'il était possible de le faire en ce pays, avait continué depuis ce temps à leur servir de chambre à coucher.

Cette chambre avait toujours été témoin de toutes leurs confidences, si l'on peut appeler confidence ce qu'avaient à se dire deux sœurs qui, dans le fait, n'avaient pas le moindre secret à se confier. Quoi qu'il en soit, pas une pensée ne prenait naissance dans le cœur de l'une qu'elle ne passât au même instant dans le sein de l'autre. Mais depuis l'arrivée de Cleveland à Burgh-Westra, chacune de ces aimables sœurs avait de ces pensées qu'on ne se décide pas facilement à communiquer, à moins que celle qui les a conçues ne soit bien assurée que celle à qui elle a dessein de faire cette communication ne la prendra pas en mauvaise part. Minna avait remarqué que Cleveland n'occupait pas dans l'estime de sa sœur un rang aussi élevé que dans la sienne; des gens moins intéressés qu'elle à cette observation n'auraient peut-être pas pu s'en apercevoir. Brenda, de son côté, pensait que Minna avait adopté trop promptement et mal à propos les préventions défavorables qu'on avait inspirées à leur père contre Mordaunt Mertoun. Chacune d'elles sentait que sa sœur n'avait plus la même confiance en elle, et cette conviction pénible aggravait encore les autres appréhensions qu'elles nourrissaient intérieurement. A en juger par les apparences, et par tous les petits soins qui sont autant de preuves de tendresse, elles étaient en quelque sorte plus affectueuses que jamais l'une envers l'autre, comme si, sentant que leur réserve intérieure était une brèche à leur union, elles se fussent efforcées de la réparer en redoublant ces marques extérieures d'attention qu'elles auraient pu omettre sans conséquence dans un temps où elles n'avaient rien à se cacher réciproquement,

La nuit dont il s'agit, les deux sœurs s'aperçurent

plus que jamais combien était diminuée la confiance qui avait autrefois existé entre elles. Le voyage à Kirkwall dont il avait été question, et cela à l'époque de la foire, c'est-à-dire dans un moment où presque tous les habitans de ces îles s'y rendaient, soit pour s'y occuper d'affaires, soit pour s'y livrer au plaisir, devait être un incident important dans une vie aussi simple et aussi uniforme que la leur, et quelques mois auparavant Minna et Brenda auraient passé la moitié de la nuit à s'entretenir de tout ce qui pouvait avoir rapport à un événement si intéressant. Pourtant à peine en direntelles un seul mot, comme si elles eussent craint que ce sujet ne manifestât quelque différence d'opinion entre elles, ou ne les obligeât à s'expliquer sur leurs secrètes pensées plus qu'elles n'avaient dessein de le faire.

Cependant la nature leur avait donné un caractère si bon et si franc, que chaque sœur s'accusait d'être la cause du changement survenu dans leur manière d'agir l'une envers l'autre. Quand après avoir fait leur prière du soir, et s'être placées dans la couche qui leur était commune, elles se serrèrent dans les bras l'une de l'autre, le baiser de sœur qu'elles se donnèrent sembla demander et obtenir un pardon mutuel, sans qu'elles prononçassent un seul mot qui pût y avoir rapport. Elles ne tardèrent pas à goûter ce repos léger, quoique profond, que le sommeil n'accorde qu'à la jeunesse et à l'innocence.

Pendant la nuit dont nous parlons, chacune d'elles fit un rêve, et quoique ces rêves différassent entre eux autant que le caractère et les goûts de nos belles dormeuses, ils avaient pourtant quelques traits de ressemblance fort étranges.

Minna rêva qu'elle était sur une des parties les plus solitaires de l'île, nommée Swartaster, où le travail continuel des vagues rongeant un rocher de pierre calcaire avait creusé un profond *halier*, mot qui signifie dans ces îles une caverne souterraine dans laquelle la marée entre, et d'où elle se retire tour à tour. Il en existe plusieurs dont l'étendue est très-considérable, et dont on ne connaît pas la profondeur. C'est le séjour des veaux marins et des cormorans, qui s'y trouvent en sûreté parce qu'il n'est ni prudent ni facile de les y poursuivre. De tous ces haliers celui de Swartaster passait pour être le plus inaccessible, et ni chasseurs ni pêcheurs n'osaient s'y hasarder, tant à cause des angles aigus que présente le rocher dans l'intérieur, que parce que des rocs cachés sous les eaux en rendent la navigation fort dangereuse. De l'issue sombre et ténébreuse de cette caverne, Minna, dans son rêve, vit sortir une sirène, non couverte des vêtemens classiques d'une néréide, tels que Claude Halcro les avait représentés dans la mascarade qu'il avait dirigée, mais tenant en main un peigne et un miroir, et battant les eaux avec cette longue queue couverte d'écailles, qui, suivant la tradition du pays, forme un contraste si effroyable avec le joli visage, la longue chevelure et le sein séduisant d'une beauté terrestre. Elle semblait appeler Minna à elle, tandis que d'une voix lugubre elle chantait des vers qui lui annonçaient des malheurs et des calamités.

— Le rêve de Brenda était d'un genre différent, quoique également mélancolique. Il lui semblait qu'elle était assise au milieu de ses meilleurs amis, parmi lesquels son père se trouvait, et Mordaunt n'était pas oublié. On la pria de chanter, et elle fit choix d'une ballade qui était son triomphe, et qu'elle chantait avec une gaieté si naïve et si naturelle, qu'elle ne manquait jamais d'exciter un rire général et de vifs applaudissemens : ceux qui l'entendaient étaient irrésistiblement entraînés à en répéter le refrain, qu'ils sussent chanter ou non. Mais, dans son rêve, il lui sembla que sa voix refusait de lui prêter son secours ordinaire, et que, comme si elle eût été incapable de faire entendre l'air qu'elle avait si souvent chanté, elle produisait ces sons bizarres, sauvages et mélancoliques, accompagnemens ordinaires des vers runiques que Norna débitait, et semblables au chant des anciens prêtres païens, quand on attachait sur l'autel de Thor ou d'Odin la victime, qui était trop souvent une victime humaine.

Les deux sœurs s'éveillèrent en sursaut en même temps, et, poussant un cri de terreur, elles se jetèrent dans les bras l'une de l'autre. Leur imagination ne les avait pas tout-à-fait abusées ; les sons qu'elles avaient cru écouter ou produire pendant leur rêve se faisaient entendre dans leur appartement. Elles connaissaient parfaitement la voix, et cependant leur surprise et leur crainte ne furent pas moindres en voyant Norna de Fitful-Head assise près de la cheminée, dans laquelle il y avait toujours en été une lampe, et en hiver un feu de bois ou de tourbe.

Enveloppée dans sa grande et longue mante de wadmaal, étoffe fabriquée dans le pays, elle se balançait avec un mouvement monotone à la pâle lueur d'une petite lampe de fer qu'elle venait d'allumer, en chantant les vers suivans sur un ton lent et mélancolique, et avec un accent qui ne semblait pas appartenir à ce monde.

Par mer, j'arrive sans effroi ;
Je ne crains pas sa violence.
Ses flots s'abaissent devant moi :
L'Océan connaît ma puissance.

Un mot, un geste de ma main,
Et la mer a calmé sa rage :
Mais le cœur humain, plus sauvage,
Ne veut reconnaître aucun frein.

Je n'ai qu'une heure dans l'année
Pour le récit de mes chagrins ;
Et cette lampe est destinée
A régler mes tristes destins.

Je puis vous parler sans rien craindre
Tant que sa clarté brillera ;
L'instant qui la verra s'éteindre
Au silence me réduira.

Je viens vous confier ma plainte :
Salut, ô filles de Magnus,
Ma lampe luit ! Ne dormez plus,
Encore une heure elle est éteinte

Norna était bien connue aux filles de Troil, mais ce ne fut pas sans une émotion différente pour chacune d'elles, d'après la différence de leurs caractères, qu'elles la virent paraître si inopinément à une pareille heure. Au fond, leur opinion relativement au pouvoir surnaturel que cette femme s'attribuait était loin d'être la même.

Minna, avec une imagination peu ordinaire, et quoique douée de plus de talens que sa sœur, avait plus de plaisir à écouter des histoires merveilleuses ; elle allait elle-même au-devant des impressions qui mettaient en jeu toutes les facultés de son esprit, sans examiner si la cause qui les faisait naître avait la moindre réalité. Brenda, au contraire, avait dans sa gaieté un léger penchant à la satire, et elle était souvent tentée de rire des histoires sur lesquelles l'imagination de Minna aimait à se reposer. De même que tous ceux qui préfèrent saisir le côté plaisant des choses, elle ne s'en laissait pas facilement imposer, dans la double acception du mot, par de pompeuses prétentions de quelque espèce qu'elles fussent. Mais, comme sa sensibilité était plus irritable que celle de sa sœur, elle payait souvent un hommage involontaire de crainte aux idées que sa raison désavouait; aussi Claude Halcro avait-il coutume de dire en parlant de traditions superstiteuses adoptées dans les environs de Burgh-Westra, que Minna y croyait sans trembler, et que Brenda en tremblait sans y croire. Dans notre siècle plus éclairé il est peu de gens doués cependant d'un courage naturel, et dont l'ame s'élève au-dessus du doute, qui n'aient pas éprouvé parfois l'enthousiasme de Minna; mais peut-être en est-il encore moins qui, dans un moment ou dans un autre, n'aient pas été, comme Brenda, surpris d'une involontaire terreur que leur raison désavouait.

Les deux sœurs étaient donc également émues en ce moment, mais par des sentimens bien différens. Minna, après le premier moment de surprise, se disposait à descendre de son lit pour aller trouver Norna dont elle regardait l'arrivée comme occasionée par un ordre du destin; tandis que Brenda, ne voyant en elle qu'une femme dont la raison s'égarait quelquefois, mais qui la subjuguait cependant par ses manières étranges, sans qu'elle pût se rendre raison à elle-même de sa terreur, retenait sa sœur par le bras, et la suppliait à voix basse d'appeler quelqu'un auprès d'elles. Mais Minna regardait cet instant comme la crise de son destin, et son imagination était trop fortement exaltée pour qu'elle pût prêter l'oreille aux craintes de sa sœur. S'arrachant des bras de Brenda, elle passa à la hâte une robe de nuit, et, agitée par l'enthousiasme plutôt que par la frayeur, elle adressa la parole d'une voix ferme à celle qui venait leur faire une visite si irrégulière.

— Norna, si votre mission nous regarde, comme vos paroles semblent l'annoncer, parlez. Une de nous au moins saura vous écouter avec respect, quoique sans crainte.

La tremblante Brenda, ne se trouvant pas en sûreté dans son lit quand Minna l'eut quittée, l'avait suivie, comme des fuyards se traînent sur les traces d'une armée, parce qu'ils n'osent rester derrière, et, à demi cachée par sa sœur, la tenait fortement par la robe : — Norna, ma chère Norna, dit-elle, quoi que vous puissiez avoir à nous dire, attendez jusqu'à demain matin. Je vais appeler Euphane Fea, notre femme de charge, et elle vous donnera un lit pour la nuit.

— Un lit pour moi! s'écria Norna; non : le sommeil ne saurait y fermer les yeux de Norna, ils sont ouverts sur tout ce qui se passe entre Burgh-Westra et les Orcades; — ils ont vu le roc d'Hoy disparaître comme enfoncé dans le sein des mers, et le pic d'Engeliff en sortir; — cependant ils n'ont pris aucun repos, ils n'en prendront aucun jusqu'à ce que ma tâche soit terminée. Asseyez-vous donc, Minna; et vous aussi qui tremblez sans sujet, couvrez-vous de vos robes, car l'histoire est longue, et avant qu'elle soit finie, vous frissonnerez, mais ce frisson sera pire que celui qui est produit par le froid.

— Pour l'amour du ciel! ma chère Norna, dit Brenda,

attendez donc la lumière du jour; l'aurore ne tardera pas long-temps à paraître. Si votre récit est effrayant, ne nous le faites pas à la pâle lueur de cette lampe.

— Patience, folle, répondit Norna. Ce n'est point à la lumière du jour que Norna peut faire un récit qui ferait fuir le soleil du firmament, et qui détruirait l'espérance de cent barques que l'aurore de demain verra partir, et dont cent familles attendraient vainement le retour pour commencer la pêche en pleine mer. — Il faut que le démon que les sons de ma voix ne manqueront pas d'éveiller, déploie ses ailes noires sur une mer où il ne se trouve ni vaisseaux ni barques, quand il prendra son vol du haut de sa montagne pour venir se repaître des accens d'horreur qu'il aime tant à entendre.

— Ayez pitié de la faiblesse de Brenda, ma bonne Norna, dit la sœur aînée, et remettez ce récit terrible à un autre lieu et à une autre heure.

— Non, jeune fille, non, répliqua Norna d'une voix ferme; ce récit ne peut être fait que la nuit et pendant que dure la clarté de cette lampe dont les matériaux sont dérobés au gibet du cruel lord de Wodensvoe, l'assassin de son frère, et dont le liquide qui l'alimente n'a été produit ni par un poisson ni par un fruit. — Voyez! la flamme s'en affaiblit déjà, et mon récit doit finir avec elle; asseyez-vous en face de moi, et je placerai ma lampe entre nous, car le démon n'oserait se hasarder dans le cercle que sa lueur éclaire.

Les deux sœurs obéirent. Minna tourna lentement la tête autour d'elle d'un air qui annonçait l'inquiétude de la curiosité plutôt que celle de la crainte, comme si elle eût voulu voir l'être qui, d'après les paroles un peu équivoques de Norna, devait être dans leur voisinage; Brenda annonçait par ses regards une frayeur qui n'était pas sans mélange d'impatience et de colère. Norna n'y fit aucune attention, et commença son récit:

— Vous savez, mes filles, dit-elle, que votre sang est allié au mien, mais vous ignorez à quel degré; car dès le berceau il exista des sentimens d'hostilité entre votre aïeul et l'homme qui fut assez malheureux pour me nommer sa fille. Je ne lui donnerai que son nom de baptême, le nom d'Erlend, car je n'oserais lui donner celui qui indique son degré de parenté avec moi. Votre aïeul Olave était frère d'Erlend. Mais, quand les immenses possessions de leur père Wolfe Troil, le plus riche des descendans des anciens rois norses, furent partagées entre les deux frères, le fowde adjugea à Erlend les biens que son père possédait dans les Orcades, et réserva pour Olave ceux des îles Hialtland. La discorde divisa les deux frères, car Erlend prétendit qu'il était lésé; et quand la législature (1) et les anciens du pays eurent confirmé ce partage, il se retira aux Orcades, dans son ressentiment, maudissant les îles Hialtland et ceux qui les habitaient, — maudissant son frère et toute sa race.

— Mais l'amour des rochers et des montagnes restait encore gravé dans le cœur d'Erlend. Il ne fixa sa demeure ni sur les collines fertiles d'Ophir ni dans les plaines verdoyantes de Gramesey; il s'établit dans l'île sauvage et montagneuse d'Hoy (2) dont le sommet

(1) The *Lawting*. Voyez une note de ce volume, page 67, sur ces comices des îles Shetland. — Éd.

(2) Suivant le géographe Bleau, du haut de la montagne d'Hoy, on peut voir le soleil à minuit, pendant le solstice d'été. Mais

s'élève jusqu'au firmament comme les rochers de Foulah et de Féroe. Il possédait, ce malheureux Erlend, toute la science contenue dans les légendes que les scaldes et les bardes nous ont laissées, et la principale occupation de sa vieillesse fut de me transmettre ces connaissances qui devaient nous coûter si cher à tous deux. J'appris à visiter tous ces sépulcres solitaires reconnaissables par les monticules de terre et de pierres qui les couvrent, et à apaiser par des vers à sa louange l'esprit du fier guerrier qui en habitait l'intérieur. Je savais où se faisaient autrefois les sacrifices à Thor et à Odin ; — sur quelles pierres coulait le sang des victimes, — quelle était la place du prêtre au front pensif, — celle des chefs belliqueux qui venaient consulter l'idole, — et plus loin celle des adorateurs d'un rang inférieur qui assistaient aux sacrifices avec respect et terreur. Les lieux d'où le paysan timide n'osait approcher n'avaient rien d'effrayant pour moi; je me promenais dans le cercle construit par les fées, et je dormais paisiblement sur le bord de la source magique.

— Mais pour mon malheur, j'aimais surtout les environs d'un reste remarquable d'antiquité, appelé *Dwarfiestone* (1), que les étrangers regardent avec curiosité, et les naturels du pays avec une crainte religieuse. C'est un énorme fragment de roc qui se trouve dans une vallée sauvage remplie de pierres et de précipices, au bas de la montagne de Ward, dans l'île d'Hoy. Dans

d'après le docteur Wallace, ce ne peut être le disque véritable du soleil qui soit visible; et ce qu'on aperçoit n'est que son image réfléchie sur l'horizon par quelque nuage chargé d'eau.

(1) Le roc du Nain. — Éd.

l'intérieur de cette pierre sont deux couches qu'une main mortelle n'a jamais taillées, et séparées l'une de l'autre par un passage étroit. L'entrée en est maintenant ouverte, mais on voit à côté la grosse pierre qui, par le moyen de rainures encore visibles, servait autrefois de porte à cette habitation extraordinaire (1) que Trolld, nain fameux dans les sagas du Nord, a, dit-on, préparée pour en faire son séjour favori. Le villageois évite cet endroit, parce que trois fois le jour, le matin, à midi, et au coucher du soleil, on peut voir la figure du nain hideux, assis sur son rocher. Je ne craignais pas cette apparition, Minna, car alors mon cœur était pur comme le vôtre, et votre main n'est pas plus innocente que ne l'était la mienne. Au courage de ma jeunesse il ne se mêlait que trop de présomption ; une soif insatiable pour ce que je ne pouvais obtenir me conduisit, comme notre première mère, au désir d'augmenter mes connaissances, même par des voies illicites. Je brûlais

(1) Le docteur Wallace donne les détails suivans sur ce monument curieux. On voit dans l'île d'Hoy, entre deux montagnes, un fragment de rocher, nommé le Rocher du Nain, qui a trente-six pieds de longueur, dix-huit de largeur, et neuf de hauteur. L'intérieur en a été creusé par les mains de quelque maçon ; car on voit encore les marques du fer en quelque endroit. L'entrée n'a qu'environ deux pieds de hauteur, et à côté est une pierre de taille qui paraît avoir servi de porte. A une extrémité, dans l'intérieur, on a taillé dans le roc un lit assez grand pour deux hommes, et il s'en trouve un second à l'autre extrémité. Au milieu est un foyer, et une ouverture pour la fumée est pratiquée au-dessus. C'est un lieu désert, situé à plus d'un mille de toute habitation, et dans les environs duquel il ne croît que des bruyères. On pense que quelque ermite y a fait sa triste demeure. (*Description des Orcades.*)

de posséder le même pouvoir que les *voluspas* et les devineresses de notre antique race; de commander comme elles aux élémens; d'évoquer de leurs sépulcres les ombres des héros effacés depuis long-temps du livre des vivans, pour leur faire redire leurs exploits glorieux et les forcer de me révéler leurs trésors cachés. Souvent, lorsque j'étais près du Rocher du Nain, les yeux fixés sur la montagne de Wart, qui s'élève au-dessus de cette sombre vallée, j'ai distingué, parmi les noirs rochers, cette merveilleuse escarboucle qui brille comme une fournaise aux yeux de ceux qui la voient d'en bas, mais qui est toujours devenue invisible pour celui dont le pied hardi a bravé tous les dangers pour s'élever jusqu'au pic d'où part sa splendeur (1). Mon jeune cœur plein de vanité brûlait de pénétrer ce mystère et cent autres célébrés dans les sagas que je lisais ou qu'Erlend m'apprenait, et dont je ne trouvais nulle part l'explication; et mon esprit audacieux osa évoquer le maître du rocher du Nain pour qu'il m'aidât à acquérir des connaissances inaccessibles aux simples mortels.

— Et le mauvais esprit entendit-il votre invocation? dit Minna dont le sang se glaçait dans ses veines.

(1) A l'ouest du Rocher du Nain est une très-haute montagne fort escarpée, nommée le Wart, près du sommet de laquelle, dans les mois de mai, de juin et de juillet, on voit, vers minuit, quelque chose qui brille souvent de fort loin. L'éclat n'en est plus aussi brillant qu'autrefois; et quoique bien des gens aient gravi la montagne pour chercher à découvrir la cause de cette lueur, aucun n'y a réussi. Le peuple l'attribue à une escarboucle enchantée. Je crois plutôt qu'elle est causée par quelque filet d'eau qui coule sur la surface unie du rocher, lorsqu'elle est frappée par la réflexion d'un rayon du soleil. (*Description des Orcades.*)

— Chut! répondit Norna en baissant la voix, ne lui donnons pas de noms qui l'offensent : il est avec nous, il nous écoute.

Brenda tressaillit sur sa chaise.

— Je vais trouver Euphane Fea dans sa chambre; je vous laisse, Minna et Norna, achever tout à loisir vos histoires de farfadets et de nains, je m'en soucie fort peu en aucun temps; mais je ne les écouterai pas davantage à minuit, et à la pâle clarté de cette lampe.

Elle se leva, et elle se disposait à quitter la chambre, quand sa sœur la retint.

— Est-ce là, dit Minna, le courage de celle qui reste incrédule à tout ce que nos pères nous ont transmis sur les événemens surnaturels? Ce que Norna va nous raconter intéresse peut-être la destinée de notre père et de sa maison. Si je puis l'écouter, dans la confiance que Dieu et mon innocence me protégeront contre toute influence funeste; vous, Brenda, qui ne croyez pas à cette influence, vous n'avez nul motif de trembler. Souvenez-vous qu'il n'y a rien à craindre pour l'innocence.

— Il peut bien n'y avoir aucun danger, répondit Brenda incapable de résister à son goût naturel pour la plaisanterie; mais, comme dit le vieux livre des bons mots, il y a beaucoup de peur. Cependant, Minna, je resterai avec vous; d'autant plus volontiers, ajouta-t-elle à demi-voix, que je craindrais de vous laisser seule avec cette femme effrayante, et que j'aurais un noir escalier à monter, et un long corridor à traverser pour arriver à la chambre d'Euphane Fea, — sans cela elle serait ici avant cinq minutes.

— N'appelle personne ici, au risque de ta vie, jeune

fille, dit Norna, et n'interromps plus mon histoire, car je ne pourrais la continuer quand une fois cette lumière enchantée se sera éteinte.

— Dieu soit loué! pensa Brenda, l'huile commence à s'épuiser : je serais tentée de la souffler; mais Norna resterait seule avec nous dans les ténèbres, ce qui serait encore pire.

Après cette réflexion, elle se soumit à sa destinée, et s'assit, résolue d'écouter le reste de l'histoire de Norna avec toute la fermeté dont elle serait capable.

Alors Norna poursuivit dans les termes suivans :

— Il arriva un jour d'été, environ à l'heure de midi, que j'étais assise près du Rocher du Nain, les yeux fixés sur la montagne d'où la mystérieuse escarboucle jetait un éclat plus brillant que jamais; je gémissais dans mon cœur des barrières imposées à notre ardeur pour la science, et enfin je ne pus m'empêcher de m'écrier en empruntant les termes d'un antique saga :

> Habitans de ces monts, répondez à ma voix,
> O vous par qui jadis une femme timide
> A des peuples guerriers pouvait dicter des lois!
> A son bras tout-puissant toi qui servais de guide
> Quand des flots en courroux il suspendait le cours,
> Roi des noirs ouragans qui troublent les beaux jours,
> De ces rochers obscurs déité solitaire,
> Nain Trolld, es-tu muet! n'as-tu plus le savoir
> Que les enfans d'Odin t'attribuaient naguère?
> Ton nom ne serait-il qu'un vain nom sans pouvoir?

— J'avais à peine proféré ces paroles, continua Norna, que le ciel s'obscurcit autour de moi, comme si l'heure de minuit avait soudain remplacé celle du milieu du jour. Un seul éclair me montra dans son ensemble le tableau désert des bruyères, des marécages, de la montagne et de ses précipices : un coup de tonnerre réveilla tous les échos de Ward-Hill dont la voix se prolongea tellement qu'il semblait qu'un rocher arraché de la cime du mont par la foudre roulait de précipice en précipice dans la vallée. Immédiatement après il tomba une pluie si abondante que je fus obligée de me réfugier dans l'intérieur du rocher mystérieux.

Je m'assis sur la plus large des deux couches taillées dans le roc, à l'extrémité la plus éloignée de la grotte, fixant mes regards sur l'autre et passant d'une conjecture à une autre sur l'origine et la destination de cette singulière habitation. Était-ce réellement l'ouvrage de ce puissant Trolld auquel l'attribuent les poésies des scaldes? Était-ce la sépulture de quelque chef scandinave enseveli avec ses armes et ses richesses, peut-être même avec sa femme immolée afin que celle qu'il chérissait le plus pendant sa vie ne fût pas séparée de lui après sa mort? Était-ce l'asile où la pénitence avait conduit un pieux anachorète dans des temps plus modernes? Enfin n'était-ce que l'ouvrage de quelque ouvrier errant que le hasard, le caprice ou un long loisir avaient engagé à se construire une habitation si bizarre? Je vous dis les pensées qui occupaient mon esprit, afin que vous sachiez que ce qui suivit ne fut pas la vision d'une imagination prévenue, mais une apparition aussi réelle que terrible.

Le sommeil s'était peu à peu emparé de moi pendant mes rêveries, lorsque je fus réveillée par un second coup de tonnerre; et, à mon réveil, à travers la sombre clarté que laissait pénétrer l'ouverture supérieure de la caverne, j'aperçus le nain Trolld assis vis-à-vis de moi sur la couche plus petite de l'autre extrémité, que sa taille difforme semblait remplir entièrement. Je tressaillis, mais sans effroi, car le sang ardent de l'antique race de Lochlin circulait dans mes veines. Le nain parla, mais ses paroles étaient dans le dialecte norse le plus ancien, et peu de personnes autres que mon père ou moi auraient pu le comprendre ; c'était la langue parlée dans ces îles avant qu'Olave eût planté la croix sur les ruines du paganisme. Le sens en était obscur comme les oracles que les prêtres païens rendaient au nom de leurs idoles, aux tribus assemblées au pied de l'Helgafels (1). Voici ce que signifiaient ses paroles :

> L'hiver a mille fois répandu ses frimas
> Depuis qu'une prêtresse, en cherchant ma présence,
>   Pour reconnaître ma puissance,
>   Vers ma grotte a porté ses pas.
> Vierge au hardi maintien, au cœur plein de courage,
> Que la soif de t'instruire a conduite en ces lieux,
> Tu n'en sortiras pas sans voir combler tes vœux,
>   Sans recevoir le prix de ton courage :
> Oui, je prétends t'armer du suprême pouvoir
> Sur tous les élémens soumis à mon empire :
> Que la mer devant toi s'avance où se retire ;
> Que l'air calme s'agite au gré de ton vouloir ;
>   Que la tempête t'obéisse ;
>   Qu'à ta voix la terre frémisse ;
>   Qu'un signe de ta main,
>   Pour nos rochers, pour nos montagnes,
> Pour nos lacs, nos vœus, nos haliers, nos campagnes,
>   Devienne un ordre souverain.
> Mais, avant de jouir de ta toute-puissance,
> Il faut, c'est du destin l'irrévocable loi,
>   Que l'auteur de ton existence,
> Du présent qu'il te fit soit dépouillé par toi.

— Je lui répondis aussitôt en rimant ; car l'esprit des

(1) La montagne que les prêtres scandinaves consacraient à leur culte. — Ed.

anciens scaldes de notre race était avec moi; et loin de craindre le fantôme avec lequel je me voyais dans une enceinte si étroite, je sentis l'impulsion de ce grand courage qui donna aux champions anciens et aux druidesses l'audace de déclarer la guerre au monde invisible, lorsqu'ils pensèrent que la terre ne contenait plus d'ennemis dignes d'être domptés par eux.

Je répondis donc comme il suit :

> Sombre habitant de ce roc écarté,
> Dans ta prédiction sévère
> Il règne autant d'obscurité
> Qu'en ta demeure solitaire :
> Mais apprends que la crainte est au-dessous de moi.
> Je t'ai cherché sans éprouver l'effroi ;
> Rien ne m'en peut inspirer sur la terre.
> Je saurai défier le sort.
> Qu'est la vie, après tout ? une fièvre éphémère
> Dont le remède est dans la mort.

Le démon fronça le sourcil, comme irrité et maîtrisé à la fois, puis se réduisant à une épaisse vapeur sulfureuse, il disparut du lieu où il s'était assis. Je n'avais pas encore jusqu'alors éprouvé l'influence de la terreur; mais soudain elle s'empara de moi. Je m'élançai vers l'air libre; la tempête avait cessé, le ciel était pur et serein. Après un moment de repos pour reprendre haleine, car je me sentais oppressée, je me rendis à la hâte auprès de mon père, méditant en chemin les paroles du fantôme. Comme il arrive plus d'une fois, je n'aurais pu alors les rappeler à ma mémoire aussi distinctement que j'ai été depuis en état de le faire.

Il peut paraître étrange qu'une telle apparition se soit effacée de mon esprit comme une vision de la nuit, mais c'est ce qui arriva. Je parvins à me persuader à moi-même que c'était un rêve de l'imagination. Je crus avoir trop vécu dans la solitude, et trop écouté les sentimens inspirés par mes études favorites. Je les abandonnai pendant quelque temps, et fréquentai la jeunesse de mon âge. Dans une visite que je fis à Kirkwall, je fis connaissance avec votre père, que ses affaires y avaient amené. Il trouva facilement accès auprès de la parente chez qui j'étais venue, et qui aurait volontiers tout fait pour étouffer la haine qui divisait nos familles. Mes filles, les années ont plus émoussé la sensibilité de votre père qu'elles ne l'ont changé. Il avait les mêmes formes mâles, la même franchise norse, le même cœur, le même courage et la même sagesse réunis à l'ingénuité de la jeunesse, à un vif désir de plaire et d'être recherché, et à une vivacité qui ne survit pas à nos jeunes ans.

Mais quoiqu'il fût digne d'être aimé, quoique Erlend m'écrivît pour m'autoriser à recevoir ses avances, il existait un étranger, Minna, un fatal étranger, habile dans les arts qui nous sont inconnus, rempli de ces graces qu'on ignorait parmi nos simples aïeux, et qui vivait au milieu de nous comme un être descendu d'une sphère supérieure.

Vous me regardez comme si vous trouviez étonnant que j'aie pu régner sur le cœur d'un tel amant; mais vous ne voyez en moi rien qui puisse vous rappeler que Norna de Fitful-Head fut jadis aimée et admirée lorsqu'elle était Ulla Troil. Le changement qui survient entre le corps animé et le cadavre après la mort n'est guère plus frappant que celui que j'ai éprouvé en restant encore sur cette terre. Regardez-moi, jeunes filles, regardez-moi à cette triste lueur; pouvez-vous croire que ces traits hagards et hâlés par l'intempérie de l'air, ces yeux qui ont été presque convertis en pierre à force de se fixer sur des objets de terreur, ces cheveux gris flottans sur mes épaules comme les voiles déchirées d'un vaisseau qui va être englouti; pouvez-vous croire que tous ces charmes flétris et celle à qui ils appartiennent aient jadis inspiré l'amour? Mais la lampe pâlit et va s'éteindre. Ah! qu'elle s'éteigne pendant que je fais l'aveu de ma honte!

Nous nous aimions en secret, nous nous vîmes en secret jusqu'à ce que j'eusse donné la dernière preuve d'une passion fatale et coupable! Et maintenant brille, lampe magique, brille quelques instans, flamme si puissante dans ta mourante clarté. Dis à celui qui plane non loin de nous qu'il n'étende pas ses ailes sur le cercle que tu éclaires! accorde-moi encore un moment de sursis jusqu'à ce que j'aie dévoilé les replis les plus sombres de mon cœur, et alors perds-toi dans des ténèbres aussi profondes que ma faute et ma douleur.

Pendant qu'elle parlait ainsi, Norna pencha la lampe pour réunir le liquide aliment de sa flamme, qu'elle raviva par ce moyen, et d'une voix creuse et en phrases coupées elle continua son récit.

—Je ne dois pas perdre de temps en vaines paroles. Mon amour fut découvert, mais non mon crime. Erlend arriva furieux à Pomone, et me ramena dans notre solitaire demeure de l'île d'Hoy; il me défendit de revoir mon amant, et m'ordonna de regarder comme mon futur époux Magnus, en qui il voulait pardonner les torts de son père. Hélas! je ne méritais plus son attachement, mon seul désir était de fuir la maison paternelle pour cacher ma honte dans les bras de mon amant. Je dois lui rendre justice, il fut fidèle, trop, trop fidèle; sa perfidie m'eût privée de la raison, mais les fatales conséquences de sa fidélité me coûtèrent dix fois plus.

Norna s'arrêta; et reprit avec l'accent du délire : — C'est à cette fidélité que je dois la terrible prérogative d'être la puissante et malheureuse souveraine des mers et des vents.

Elle garda de nouveau le silence après cette exclamation, mais elle reprit bientôt son récit d'un ton plus calme.

— Mon amant vint en secret à Hoy pour se concerter avec moi sur ma fuite; je consentis à lui donner rendez-vous pour fixer le temps où son navire entrerait dans le détroit, je quittai la maison à minuit.

Ici Norna parut accablée par ses angoisses, et ne continua plus son récit que par des phrases sans liaison et interrompues.

— Je quittai la maison à minuit. Je devais passer devant la chambre de mon père, et je m'aperçus qu'elle était ouverte; je crus qu'il m'épiait, et de peur que le bruit de mes pas ne troublât son sommeil, je fermai la porte fatale : action bien insignifiante, bien peu importante en apparence ; mais, Dieu du ciel ! quelles en furent les conséquences !

Le matin suivant la chambre était remplie d'une vapeur suffocante. Mon père était mort! mort par ma désobéissance! mort par suite de mon déshonneur! Tout ce qui suit n'est plus que nuages et ténèbres! Une noire vapeur enveloppa tout ce que je fis, tout ce que je vis depuis, jusqu'à ce que je devins assurée que mon sort était accompli, et que j'étais enfin l'être calme et terrible que vous voyez devant vous, la reine des élémens, partageant le pouvoir des êtres qui se font de l'homme et de ses passions un jeu comparable à celui que se fait le pêcheur des tortures de ce poisson (1) auquel il crève les yeux, et qu'il rejette dans son élément natal pour le voir traverser les vagues, aveugle et expirant. Jeunes filles, celle que vous voyez devant vous est impassible aux folies dont vos esprits subissent les illusions. Je suis celle qui a fait son offrande; celle qui a privé l'auteur de ses jours du don de la vie qu'elle lui devait. L'oracle obscur fut interprété par cet acte criminel. Je ne fais plus partie de l'humanité. Je suis devenue un être tout puissant, souverainement malheureux.

Elle parlait encore, lorsque la lumière, long-temps vacillante, s'élança un instant au-dessus de la lampe et sembla près d'expirer. Norna s'interrompant dit tout à coup:

— C'est assez... il vient... il vient... il suffit que vous me connaissiez, et que vous sachiez quel droit j'ai acquis de vous donner des avis et des ordres. — Approche maintenant, esprit superbe, si tu veux.

A ces mots elle éteignit elle-même la lampe, sortit de l'appartement avec sa démarche habituelle de dignité, comme Minna put s'en assurer en écoutant le bruit mesuré de ses pas.

(1) *The dog fish.* — Éd.

CHAPITRE XX.

> « Où sont-ils donc ces instans pleins de charmes
> » Où, confondant nos plaisirs et nos larmes,
> » Nos cœurs cherchaient querelle au temps jaloux
> » Qui séparait deux sœurs dont la tendresse
> » Était alors le trésor le plus doux ? »
>
> SHAKSPEARE. *Le Songe d'une nuit d'été.*

L'ATTENTION de Minna était entièrement occupée de cet horrible récit, qui expliquait plusieurs révélations incomplètes sur Norna, qu'elle avait entendu faire à son père et à d'autres parens. Elle resta quelque temps plongée dans une telle surprise mêlée d'horreur, qu'elle n'essaya pas même d'adresser la parole à sa sœur Brenda. Lorsqu'enfin elle l'appela par son nom, elle ne reçut aucune réponse, et, lui touchant la main, elle s'aperçut qu'elle était aussi froide que la glace.

Alarmée autant qu'on peut l'être, elle ouvrit la fenêtre et les volets, pour laisser pénétrer dans la chambre l'air et la pâle clarté d'une nuit hyperboréale. Elle reconnut alors que Brenda était évanouie. Norna, son effrayante histoire, ses rapports mystérieux avec le monde invisible, tout ce qui venait de frapper vivement Minna, s'évanouit dans ses pensées. Elle courut à la hâte jusqu'à la chambre de la vieille femme de charge pour implorer son secours, sans réfléchir un instant à ce qu'elle pourrait rencontrer dans de sombres corridors.

La vieille Euphane accourut au secours de Brenda, et eut aussitôt recours aux remèdes que lui suggéra son expérience; mais la pauvre fille avait eu les nerfs tellement ébranlés par ce qu'elle venait d'entendre, que, revenue de son évanouissement, tous les efforts qu'elle fit pour calmer son esprit ne purent prévenir un accès hystérique de quelque durée. Cet accident fut encore calmé, graces à l'expérience de la vieille Euphane Fea, versée dans la simple pharmacie en usage dans les îles Shetland, et qui, après avoir administré à la malade une potion calmante composée de plantes et de fleurs sauvages distillées, la vit enfin céder au sommeil.

Minna se coucha près de sa sœur, lui baisa les joues et essaya d'appeler le sommeil à son tour; mais plus elle l'invoquait, plus il semblait fuir ses paupières; et, si par momens elle se sentait disposée à goûter le repos, la voix de la parricide involontaire semblait retentir à son oreille et la faisait tressaillir.

L'heure témoin de leur lever, habituellement matinal, trouva les deux sœurs dans un état différent de ce qu'on aurait pu attendre. Un profond sommeil avait rendu à la légère Brenda toute la vivacité de ses regards, les roses de ses joues, et le sourire de ses lèvres; l'indisposition passagère de la nuit précédente avait laissé sur son visage aussi peu de traces que les terreurs fantastiques du récit de Norna sur sa mobile imagination. Les regards de Minna, au contraire, étaient mélancoliques, abattus, et leur feu visiblement épuisé par la veille et l'anxiété.

Elles se parlèrent d'abord très-peu et comme effrayées d'aborder un sujet qui leur avait causé tant d'émotion la nuit précédente. Ce ne fut qu'après leurs prières habituelles que Brenda, en laçant le corset de sa sœur, car elles se rendaient réciproquement les petits services de la toilette, s'aperçut de la pâleur de Minna; et, s'étant assurée, par un coup d'œil jeté dans le miroir, que ses traits n'offraient pas la même altération, elle baisa sa sœur sur la joue et lui dit affectueusement :

— Claude Halcro avait raison, ma sœur, quand son délire poétique nous donna les deux noms du Jour et de la Nuit.

— Et pourquoi me rappeler ces noms maintenant? dit Minna.

— Parce que chacune de nous est plus courageuse pendant les heures dont nous tirons nos noms. J'ai été effrayée à en mourir en entendant, la nuit dernière, cette histoire que vous avez écoutée avec une fermeté si constante; maintenant qu'il est grand jour, je puis y penser avec sang-froid, tandis que vous paraissez aussi pâle qu'un esprit surpris par le retour du soleil.

— Vous êtes heureuse, Brenda, lui dit sa sœur gravement, de pouvoir oublier si tôt un récit si horrible et si merveilleux.

— Ce qu'il y a d'horrible, répondit Brenda, ne saurait être oublié, à moins qu'on ne pût espérer que l'imagination exaltée de la pauvre femme, si active à conjurer des apparitions, lui eût seule imputé un crime sans réalité.

— Vous ne croyez donc pas à son entrevue avec le nain de la caverne de Dwarfiestone, ce lieu merveilleux dont on fait tant d'histoires, et qui, pendant une si longue suite de siècles, a été révéré comme l'ouvrage d'un démon et comme sa demeure?

— Je crois, dit Brenda, que notre malheureuse parente ne peut pas jouer le rôle des fourbes. Je crois donc qu'elle s'est trouvée à Dwarfiestone pendant un orage, qu'elle est entrée dans la grotte pour y chercher un abri, et que, pendant un évanouissement, ou en dormant peut-être, elle y fit quelque rêve en rapport avec les traditions populaires dont elle ne cessait de s'occuper; mais voilà tout ce que j'en puis croire.

— Et néanmoins, dit Minna, l'événement répondit à l'obscure prédiction de la vision.

— Pardonnez-moi, dit Brenda, je pense plutôt que le rêve n'aurait jamais pris un corps, jamais peut-être ne s'en serait-elle souvenue, sans l'événement. Elle nous a dit elle-même qu'elle avait presque oublié la vision jusqu'après la mort terrible de son père. Et qui nous garantira que tout ce qu'elle crut se rappeler alors ne fut pas l'œuvre de son imagination naturellement dérangée par cet horrible événement? Si elle avait vu en réalité le nain magicien, où si elle avait conversé avec lui, elle se serait probablement souvenue longtemps de l'entretien. Du moins, pour ma part, je ne l'aurais pas oublié de sitôt.

— Brenda, reprit Minna, vous avez entendu dire au

pieux ministre de l'église Sainte-Croix que la sagesse humaine était pire que la folie quand on l'appliquait à des mystères au-dessus de son intelligence : si nous ne croyons que ce que nous comprenons, ajoutait-il, nous nous révolterons contre l'évidence de nos sens qui, à chaque pas, nous offre des choses aussi certaines qu'elles sont incompréhensibles.

— Vous êtes trop instruite vous-même, ma sœur, répondit Brenda, pour avoir besoin du pieux ministre de Sainte-Croix ; mais je crois que son précepte n'avait rapport qu'aux mystères de notre religion, qu'il est de notre devoir de croire sans examen et sans aucun doute ; mais pour ce qui est des actions ordinaires de la vie, comme Dieu nous a doués de raison, nous ne pouvons mal faire en nous en servant. Vous avez, ma chère Minna, une imagination plus ardente que la mienne, et vous vous prêtez à recevoir comme des vérités ces merveilleuses histoires, parce que vous aimez à rêver aux sorciers, aux nains, aux esprits des eaux ; et vous désireriez beaucoup peut-être avoir à vos ordres une fée ou un lutin, comme les appellent les Écossais, avec un manteau vert et des ailes aussi brillantes que les couleurs qui forment le collier du sansonnet (1).

— Cela vous épargnerait du moins la peine de lacer mon corset, répondit Minna, et de le lacer de travers, car dans la chaleur de vos argumens vous avez sauté deux œillets.

(1) On se rappelle ici le joli Trilby, dont l'histoire, par M. Ch. Nodier, est la poétique amplification de cette phrase de Brenda. — Éd.

— Cette faute sera bientôt réparée, répondit Brenda; et, comme dirait un de nos amis, je serrerai les cordages. Mais vous respirez avec tant de peine, que ce n'est pas une besogne facile.

— Je soupirais, dit Minna un peu confuse, en pensant que vous êtes bien prompte à parler légèrement des infortunes de cette femme extraordinaire, et à les tourner en ridicule.

— Je ne les tourne pas en ridicule, Dieu le sait, reprit Brenda avec un peu de dépit. C'est vous, Minna, qui attribuez de mauvaises intentions à tout ce que je dis avec candeur et franchise. Je regarde Norna comme une femme dont les talens supérieurs sont souvent unis à une espèce de délire, et je la crois plus habile dans la connaissance du temps qu'aucune femme des îles Shetland. Mais qu'elle ait le moindre pouvoir sur les élémens, c'est ce que je ne crois pas plus que les contes que nous faisaient nos nourrices sur le roi Eric, qui, dit-on, faisait souffler le vent où il voulait en tournant la pointe de son chapeau.

Minna, un peu piquée de l'opiniâtre incrédulité de sa sœur, reprit aigrement:

— Et cependant, Brenda, cette femme, cette femme à demi-folle, qui cherche à en imposer, est la personne dont vous suivez les avis sur la chose qui intéresse le plus votre cœur en ce moment.

— Je ne sais ce que vous voulez dire, répondit Brenda en rougissant et voulant faire quelques pas en s'écartant de sa sœur. Mais, comme c'était son tour d'être lacée, Minna la retint par le cordon de soie avec lequel elle attachait son corset, et la frappa sur le cou de manière à y produire une légère teinte d'écarlate et à provoquer chez elle une petite confusion. Alors Minna ajouta plus doucement :

— N'est-il pas étrange, Brenda, que, traitées comme nous l'avons été par l'étranger Mordaunt Mertoun, que son assurance a amené dans une maison où il n'est ni invité ni reçu avec plaisir; n'est-il pas étrange que vous le regardiez encore de bon œil? Certes cela devrait suffire pour vous prouver qu'il est des *sorts* et des charmes dans nos îles, et que vous êtes vous-même sous l'influence d'une de ces puissances secrètes. Ce n'est pas pour rien que Mordaunt porte une chaîne d'or enchantée; prenez-y garde, Brenda, et soyez prudente pendant qu'il est encore temps.

— Je n'ai rien de commun avec Mordaunt Mertoun, répondit d'abord sans hésiter la pauvre Brenda, je me soucie fort peu de ce que ce jeune homme ou tout autre porte suspendu à son cou; je l'ignore même; je pourrais voir les chaînes d'or de tous les baillis d'Édimbourg dont parle tant lady Glowrowrum, sans devenir pour cela amoureuse de ceux qui les portent.

Ayant ainsi obéi à la loi que lui imposait son sexe de nier toujours de pareilles accusations, Brenda ajouta d'un ton différent :

— Mais à vous dire vrai, Minna, je pense que vous n'êtes pas la seule qui avez trop inconsidérément jugé ce jeune ami qui a été si long-temps notre plus intime compagnon. Faites bien attention que Mordaunt Mertoun n'est pas plus pour moi que pour vous; et vous savez mieux que personne qu'il ne faisait aucune différence entre nous, et que, chaîne ou non chaîne, il vivait avec nous comme un frère avec deux sœurs. Cependant vous renoncez à son amitié, parce qu'un marin vagabond que nous ne connaissons nullement, et un colporteur que nous connaissons pour un voleur, un fripon et un menteur, ont tenu des propos et fait des contes à son désavantage! Je ne crois pas qu'il ait jamais dit qu'il ne tenait qu'à lui de choisir entre nous, et qu'il n'attendait pour le faire que de savoir qui de nous deux aurait Burgh-Westra et le voe de Bredness. Je ne crois pas qu'il ait jamais dit rien de semblable, ni qu'il ait même pensé à choisir entre nous.

— Peut-être, dit Minna froidement, avez-vous des motifs pour savoir que son choix est déjà fait.

— Je ne souffrirai pas cela, dit Brenda donnant un libre cours à sa vivacité naturelle; et s'échappant des mains de sa sœur, elle se tourna et la regarda en face, tandis qu'à la rougeur de ses joues venait se joindre celle qui colorait tout ce que le corset à demi lacé permettait de voir de son cou et de son sein.

— Je ne le souffrirai pas même de vous, Minna, dit-elle; vous savez que toute ma vie j'ai dit la vérité, et que j'aime la vérité; je vous déclare donc que jamais de sa vie Mordaunt Mertoun ne mit de différence entre vous et moi, jusqu'à ce que... Une espèce de remords de conscience l'arrêta, et sa sœur lui dit avec un sourire :

— Jusqu'à quand, Brenda? Il semblerait que votre amour pour la vérité est étouffé par la phrase que vous alliez faire entendre.

— Jusqu'à ce que vous eussiez cessé de lui rendre justice, reprit Brenda avec plus de fermeté, puisqu'il faut que je parle. Je ne doute pas qu'il renonce bientôt à l'amitié qu'il a pour vous, si vous en faites si peu de cas.

— Soit, vous êtes à l'abri de ma rivalité pour son amour ou son amitié. Mais pensez-y mieux, Brenda, tout ceci n'est pas une médisance de Cleveland; Cleveland est incapable de médire. Ce n'est point un mensonge de Bryce Snailsfoot; il n'est aucun de nos amis ou des personnes de notre connaissance qui ne dise que c'est le bruit de toute l'île, que les filles de Magnus Troil attendaient patiemment le choix de Mordaunt Mertoun, de cet étranger sans nom et sans naissance. Est-il convenable qu'on parle ainsi de nous, les descendantes d'un comte norwégien, les filles du premier Udaller des îles Shetland! Serait-il décent pour de jeunes filles de le souffrir sans ressentiment, quand nous serions les dernières des laitières?

— Les propos des fous ne blessent point, reprit vivement Brenda. Je ne renoncerai jamais à la bonne opinion que j'ai d'un ami, pour croire aux caquets de l'île, qui donnent toujours l'interprétation la plus perfide aux actions les plus innocentes?

— Écoutez seulement ce que disent nos amies, Brenda; écoutez seulement lady Glowrowrum, écoutez Maddie et Clara Groatsettars.

— Si j'écoutais lady Glowrowrum, j'écouterais la plus mauvaise langue de l'île; et quant à Maddie et à Clara Groatsettars, elles étaient toutes deux fort heureuses avant-hier d'avoir Mordaunt assis à dîner entre elles, comme vous l'auriez observé vous-même si votre oreille n'avait été occupée ailleurs plus agréablement.

— Vos yeux n'étaient guère mieux occupés, Brenda, puisqu'ils étaient fixés sur un jeune homme qui a parlé de nous avec la présomption la plus impertinente, comme chacun le croit, excepté vous; et, serait-il accusé faussement, lady Glowrowrum dit qu'il n'est pas bien à vous de regarder de son côté, puisque cela peut confirmer de tels discours.

— Je regarderai de tel côté que bon me semblera, dit Brenda aigrie de plus en plus. Lady Glowrowrum ne gouvernera ni mes pensées, ni mes paroles, ni mes yeux. Je tiens Mordaunt Mertoun pour innocent. Je le regarderai comme tel, je parlerai de lui comme tel, et si je ne lui ai rien dit à lui-même, si j'ai changé de conduite envers lui, c'est pour obéir à mon père, et non à cause de ce que lady Glowrowrum et toutes ses nièces, en eût-elle vingt au lieu de deux, peuvent dire et chuchoter, avec leurs airs précieux, sur un sujet qui ne les regarde pas.

— Hélas! Brenda, répondit Minna avec calme, cette vivacité va bien loin pour la défense d'un simple ami. Prenez garde, celui qui détruisit à jamais la paix de Norna était un étranger aimé d'elle contre la volonté de sa famille.

— C'était un étranger, reprit Brenda avec emphase, non-seulement par sa naissance, mais par ses manières; elle n'avait pas été élevée avec lui depuis son enfance; elle n'avait pas connu la douceur, la franchise de son caractère, grace à une intimité de plusieurs années. C'était en effet un étranger par son caractère, ses goûts, son pays, ses mœurs, sa façon de penser; quelque aventurier peut-être que le hasard ou la tempête avait jeté dans ces îles, et qui avait l'art de cacher un cœur perfide sous le masque de la sincérité. Ma bonne sœur, prenez pour vous votre avis : il y a d'autres étrangers à Burgh-Westra que ce pauvre Mordaunt Mertoun.

Minna parut un moment accablée par la volubilité

avec laquelle sa sœur repoussa son soupçon et son avis; mais sa fierté naturelle la rendit encore capable de répliquer avec un calme affecté:

— Si je voulais, Brenda, vous traiter avec la même méfiance que vous me montrez, je pourrais vous dire que Cleveland n'est pas plus à mes yeux que Mordaunt, le jeune Swaraster, Laurent Erickson, ou tout autre ami de mon père; mais je dédaigne de vous tromper, ou de déguiser ma pensée; j'aime Clément Cleveland!

— Ne dites pas cela, ma chère sœur, s'écria Brenda oubliant tout à coup le ton d'aigreur qu'avait amené la conversation, et jetant les bras autour du cou de sa sœur avec l'air et l'accueil de la plus tendre affection; — ne dites pas cela, je vous en conjure; je renoncerai à Mordaunt Mertoun, je jurerai de ne plus lui parler; mais ne me répétez pas que vous aimez ce Cleveland!

— Et pourquoi ne le répéterais-je pas? dit Minna en se dégageant peu à peu de l'embrassement de sa sœur; pourquoi n'avouerais-je pas un sentiment dont je fais gloire? La hardiesse et l'énergie de son caractère habitué à commander et ignorant la crainte, ces mêmes qualités qui vous alarment pour mon bonheur, sont celles qui l'assurent. Souvenez-vous, Brenda, que lorsque vos pas préféraient le sable uni des bords de la mer pendant un temps calme, les miens cherchaient avec transport le sommet des rochers aux heures de la tempête.

— Et c'est ce que je redoute, dit Brenda, c'est cette humeur aventureuse qui vous pousse maintenant sur les bords d'un précipice plus dangereux que le voisinage des côtes inondées par une haute marée. Cet homme... Ne froncez pas le sourcil, je ne dirai rien qui sente la médisance. Mais n'est-il pas, même à vos yeux prévenus, sévère et tyrannique, accoutumé à commander, comme vous le dites, et par cette raison commandant où il n'a aucun droit de commander, et conduisant ceux qu'il lui conviendrait mieux de suivre, se précipitant au-devant du danger pour le danger même plutôt que pour un objet aimé? Et pourrez-vous penser à vous unir à un homme d'un caractère si inquiet et si turbulent, dont la vie s'est passée jusqu'ici sur un théâtre de mort et de périls, et qui, même assis à votre côté, ne peut déguiser son impatient désir de s'y trouver de nouveau? Un amant, il me semble, devrait aimer sa maîtresse plus que sa vie; mais le vôtre, ma chère Minna, aimera moins la sienne que le plaisir de donner la mort à ses semblables.

— Et c'est pour cela que je l'aime, dit Minna. Je suis une fille des antiques héroïnes de la Norwège, qui envoyaient avec un sourire leurs amans au combat, et les immolaient de leurs propres mains s'ils revenaient flétris par le déshonneur. Mon amant doit mépriser les vains exercices dans lesquels notre race dégénérée cherche à se distinguer, ou il ne s'y livrera que par délassement et comme à l'image des plus nobles dangers. Je ne veux pour amant ni chasseur aux baleines, ni dénicheur d'oiseaux; le mien doit être un roi des mers, ou porter le titre moderne qui approche le plus de ce noble titre.

— Hélas! ma sœur, dit Brenda, c'est maintenant que je pourrais commencer à croire sérieusement à la force des sorts et des charmes. Vous me rappelez l'histoire espagnole que vous m'avez enlevée, il y a déjà quelque temps, parce que je disais que dans votre admiration de la chevalerie des anciens Scandinaves, vous le disputiez au héros en extravagance. Ah! Minna, votre rougeur prouve que la conscience vous fait des reproches et vous rappelle le livre dont je veux parler. Est-il plus sage, croyez-vous, de prendre un moulin pour un géant, que le commandant d'un petit bâtiment corsaire pour un Kiempe ou un Vi-King?

Minna devint rouge de colère à cette dernière phrase, dont elle sentait peut-être la vérité jusqu'à un certain point.

— Vous avez le droit de m'insulter, dit-elle, parce que vous êtes maîtresse de mon secret.

Le cœur tendre de Brenda ne put résister à cette accusation. Elle conjura sa sœur de lui pardonner, et la bonté naturelle de Minna céda à ses prières.

— Nous sommes malheureuses, dit-elle en essuyant les larmes de Brenda, de ne pas voir avec les mêmes yeux. Ne nous rendons pas plus malheureuses encore par des reproches mutuels. Vous avez mon secret; il cessera peut-être bientôt d'en être un, car j'aurai pour mon père la confiance à laquelle il a droit, aussitôt que certaines circonstances me le permettront. En attendant, je le répète, vous avez mon secret, et je soupçonne que j'ai le vôtre en échange, quoique vous refusiez de l'avouer.

— Comment, Minna, voudriez-vous que je vous avouasse que j'éprouve pour quelqu'un les sentimens auxquels vous faites allusion, avant d'avoir entendu sortir de sa bouche le moindre mot qui puisse justifier un pareil aveu?

— Non sans doute; mais un feu caché se découvre autant par la chaleur que par la flamme.

Brenda baissa la tête et s'efforça en vain de réprimer

la tentation à la repartie qu'excitait en elle la remarque de sa sœur.

— Vous vous connaissez à ces signes, dit-elle; mais tout ce que je puis répondre, c'est que, si j'aime jamais, ce ne sera qu'après qu'on m'aura demandé mon amour une ou deux fois au moins, et c'est ce qu'on n'a pas encore fait. Ne recommençons pas notre querelle, et cherchons quel motif avait Norna pour nous raconter son horrible histoire, et quelle conséquence elle en attend.

— Elle aura voulu nous donner un avertissement, reprit Minna, un avertissement que notre situation, et, je ne le dissimulerai pas, la mienne surtout, paraissait rendre nécessaire; mais je suis forte de mon innocence et de l'honneur de Cleveland.

Brenda aurait volontiers répliqué qu'elle comptait moins sur cette dernière sécurité que sur la première; mais elle était prudente et ne voulait pas réveiller une discussion pénible. Aussi dit-elle seulement :

— Il est étrange que Norna ne nous ait rien dit de plus de son amant; assurément il ne pouvait l'abandonner dans la situation malheureuse où il l'avait réduite.

— Il peut exister, dit Minna après une pause, des angoisses par lesquelles le cœur est si déchiré qu'il cesse de répondre même aux sentimens qui l'ont le plus occupé. Son malheureux amour a pu se perdre dans l'horreur et le désespoir.

— Peut-être aussi son amant s'enfuit-il de nos îles, de peur de la vengeance de notre père, dit Brenda.

— Si la crainte ou le manque de courage, répondit Minna en levant les yeux au ciel, l'ont décidé à fuir le spectacle des malheurs qu'il avait lui-même causés, j'espère qu'il a subi depuis long-temps le châtiment que le ciel réserve aux traîtres et aux lâches... Allons, ma sœur, venez, nous sommes attendues pour le déjeuner.

Elles descendirent en se tenant par le bras, et avec plus de confiance qu'elles ne s'en étaient témoignée depuis long-temps. La petite querelle qui venait de s'apaiser avait été comme ces bourrasques ou ces coups de vent qui, dissipant les nuages et les vapeurs, laissent le beau temps après leur passage.

En se rendant à la salle du déjeuner, elles convinrent qu'il n'était pas nécessaire, et qu'il pourrait même être imprudent de parler à leur père de la visite nocturne qu'elles avaient reçue, ou de lui laisser connaître qu'elles avaient appris quelque chose de plus sur la triste histoire de Norna.

CHAPITRE XXI.

> « Je vous ai perdus pour jamais,
> » Plaisirs que l'enfance voit naître,
> » Que la raison fait disparaître,
> » Et que le temps rend sans attraits.
> » De Phœbé la pâle lumière
> » N'éclaire plus les revenans;
> » Des fantômes du cimetière,
> » Je ne vois plus les linceuls blancs. »
>
> CRABBE. *La Bibliothèque.*

Le poète moraliste (1) auquel nous empruntons l'épigraphe de ce chapitre, a traité un sujet qui fait vibrer quelques cordes dans le cœur de beaucoup de nos lecteurs, sans qu'ils s'en aperçoivent. La superstition, quand elle n'était pas entourée de l'appareil de toutes ses horreurs, et qu'elle ne faisait que poser doucement

(1) Voyez sur Crabbe, le doyen des poètes anglais, le *Voyage historique et littéraire en Angleterre.* — ÉD.

la main sur la tête de celui qui reconnaissait son empire, avait des charmes qu'il est difficile de ne pas regretter, même de nos jours, où son influence a été presque entièrement dissipée par les lumières de la raison et de la science. Du moins dans les temps où le règne de l'ignorance n'était pas encore terminé, son système de terreurs imaginaires avait quelque chose d'intéressant pour des esprits qui ne possédaient que peu de moyens d'exaltation. Cela est encore plus particulièrement vrai de ces légères modifications d'idées et de pratiques superstitieuses qui se mêlent aux amusemens des siècles peu éclairées, et qui, comme les présages de la veille de la Toussaint en Écosse (1), étaient en même temps un objet de divertissement et de prédictions sérieuses. Et c'est par suite de semblables impressions que, de notre temps, des gens qui ont même reçu une éducation passable se rendent dans le grenier d'une diseuse de bonne aventure, pour s'amuser, disent-ils, mais souvent assez portés à ne pas douter entièrement des réponses qu'ils en obtiennent.

Lorsque les sœurs de Burgh-Westra arrivèrent dans l'appartement où était préparé un déjeuner aussi copieux que celui de la veille, dont nous avons donné la description, l'Udaller leur fit en badinant quelques reproches sur leur arrivée tardive. En effet, le repas était presque terminé, et la compagnie se disposait à se livrer à une ancienne pratique norwégienne de l'espèce de celles dont nous venons de parler.

(1) La veille de la Toussaint est encore en Écosse consacrée à des pratiques superstitieuses. Le poète Burns a célébré ce jour mystérieux dans un poëme intitulé *Hallowe'en*. — Éd.

Elle paraît avoir été empruntée de ces poëmes des scaldes, où l'on représente si souvent les champions et les héroïnes comme cherchant à connaître leur destinée en consultant quelque sorcière ou pythonisse qui, comme dans la légende de Gray intitulée *la Descente d'Odin* (1), forçait le destin, par la puissance de la poésie runique, à lui révéler ses arrêts, et rendait des oracles souvent ambigus, mais qu'on regardait alors comme soulevant au moins en partie le voile qui couvre l'avenir.

Une vieille sibylle, Euphane Fea, la femme de charge dont nous avons déjà parlé, était installée dans l'embrasure d'une grande croisée, rendue obscure par des peaux d'ours et d'autres draperies de toute espèce, de manière à ressembler à la hutte d'un Lapon. Une petite ouverture, comme celle d'un confessionnal, permettait à la personne qui y était assise d'entendre sans voir. La voluspa, ou sibylle, devait écouter les questions qui lui étaient faites en vers, et y répondre de même en impromptu. La draperie était censée l'empêcher de voir les individus qui la consultaient, et le rapport accidentel ou prétendu que pouvait avoir sa réponse avec les affaires du questionneur, donnait souvent matière à rire, et quelquefois à faire de plus sérieuses réflexions. La sibylle était ordinairement choisie parmi les femmes qui possédaient le talent d'improviser en langue norse, talent peu difficile, attendu que chaque insulaire avait la mémoire chargée d'une foule de vieux vers, et que les règles de la versification norse étaient infiniment simples. Les questions devaient aussi se faire

---

(1) *Odin's descent*. — Éd.

en vers; mais comme ce don d'improvisation poétique, quoique assez commun, ne pouvait être supposé universel, il était permis à celui qui voulait en adresser une, de se servir d'un interprète, et cet interprète, debout près du sanctuaire de la sibylle, tenant par la main celui qui avait dessein de consulter l'oracle, était chargé de rimer sa demande.

En cette occasion, le suffrage universel déféra à Claude Halcro les fonctions d'interprète; et après avoir secoué la tête, et murmuré quelques excuses sur la perte de sa mémoire et l'affaiblissement de ses talens poétiques, assertion que contredisaient son sourire de confiance et les acclamations de toute la compagnie, le joyeux vieillard consentit à jouer son rôle dans le divertissement qui allait commencer.

Mais en ce moment il survint un singulier changement dans les arrangemens qui venaient d'être faits. Norna de Fitful-Head, que chacun, excepté les deux sœurs, croyait à plusieurs milles de distance, entra tout à coup dans l'appartement sans saluer personne, s'avança majestueusement vers le tabernacle en peau d'ours, et fit signe à la sibylle qui y était assise de sortir du sanctuaire. La vieille Fea obéit en branlant la tête, et paraissant interdite de frayeur. A dire vrai, peu de personnes dans la compagnie avaient vu avec sang-froid l'arrivée inattendue d'une femme aussi connue et aussi généralement redoutée que Norna.

Elle s'arrêta un moment à l'entrée de cette espèce de tente, et soulevant la peau qui en fermait la porte, elle leva les yeux du côté du nord, comme si elle y eût cherché des inspirations. Faisant signe ensuite aux spectateurs surpris qu'ils pouvaient s'approcher tour à tour du sanctuaire dans lequel elle allait s'installer, elle entra dans la tente, et laissant retomber la peau qui en formait l'entrée, elle disparut à leurs yeux.

Le divertissement prenait un aspect tout différent de celui auquel la compagnie s'attendait, et la plupart de ceux qui en faisaient partie semblaient y trouver un sujet de sérieuses réflexions plutôt que de plaisanteries ; aussi ne marquait-on aucun empressement à consulter l'oracle. Le caractère et les prétentions de Norna paraissaient à presque tous les spectateurs d'une nature trop grave pour le rôle qu'elle voulait jouer ; les hommes se parlaient à voix basse, et les femmes, suivant l'expression du glorieux John Dryden,

> Serraient leurs rangs en frémissant d'horreur.

Le silence fut interrompu par la voix mâle et sonore de l'Udaller. — Eh bien, mes maîtres, pourquoi le divertissement ne commence-t-il pas? Avez-vous quelques craintes parce que ma parente va être notre Voluspa? Nous devons lui savoir gré de vouloir bien jouer pour nous un rôle dont personne dans nos îles ne pourrait s'acquitter aussi bien qu'elle. Faut-il pour cela renoncer à nos amusemens? Au contraire, nous devons nous y livrer avec plus de gaieté.

Personne ne répondit à ce discours, et Magnus Troil ajouta : — Il ne sera pas dit que ma parente restera assise dans sa tente sans qu'on lui adresse une question, parce que vous manquez de courage. Je la consulterai le premier, mais les vers ne se présentent pas à mon imagination aussi facilement que lorsque j'avais une vingtaine d'années de moins. Claude Halcro, venez avec moi.

Ils approchèrent, en se tenant par la main, du sanctuaire de la sibylle prétendue, et après un instant de consultation, l'Udaller, qui, comme tant d'autres personnages importans des îles Shetland, se mêlait de commerce et de navigation, et avait un intérêt assez considérable sur un bâtiment alors en mer, occupé de la pêche de la baleine, chargea Halcro de lui demander si cette entreprise réussirait, ce que le poète fit ainsi qu'il suit:

>Mère qu'ici chacun révère,
>Toi qui d'un seul coup d'œil peux voir
>Tout ce que le soleil éclaire,
>Tu dois sans doute apercevoir
>Au milieu de l'humide plaine,
>Malgré les glaces et le vent,
>Un vaisseau chassant la baleine
>Sur les côtes du Groënland.
>Toi que chacun craint et révère,
>Dis-nous si de ce bâtiment
>Le voyage sera prospère.

La plaisanterie semblait prendre un caractère sérieux, et chacun allongea le cou pour écouter Norna, dont la voix, perçant les peaux dont elle était entourée, fit entendre au même instant la réponse suivante:

>A quoi pense un vieillard? toujours à s'enrichir.
>Si ses haras sont pleins, si son troupeau prospère,
>S'il voit d'orge et de blé ses greniers se remplir,
>Il a tout ce qu'au ciel demande sa prière.
>Qu'il tremble! il peut ainsi voir combler tous ses vœux,
>Et dans son désespoir s'arracher les cheveux.

Elle se tut un instant, ce qui donna à Triptolème le temps de dire à voix basse:—Quand dix sorcières et autant de sorciers me le jureraient, je ne croirai jamais qu'un homme de bon sens puisse s'arracher les cheveux tant qu'il voit ses greniers bien remplis.

Mais la voix de la pythonisse interrompit les commentaires, et elle ajouta d'un ton lent et monotone:

> Oui, je vois ce vaisseau dans les mers de l'Islande,
> Sur son mât orgueilleux j'aperçois la guirlande (1);
> Il est favorisé par la mer et le vent.
> Jouissez, il a fait un complet chargement.
> De l'avide armateur récompensant les peines,
> Il va rentrer au port chargé de sept baleines.

— Que le ciel jette sur nous un regard de miséricorde et de protection! s'écria Bryce Snailsfoot, car ce n'est pas la langue d'une femme qui vient de prononcer ces paroles. J'ai vu à North-Ronaldsha des gens qui ont rencontré en mer le bâtiment d'Olave de Lerwick, dans lequel notre digne patron a un intérêt si considérable qu'on pourrait presque l'en regarder comme le propriétaire; et, aussi sûr qu'il y a des étoiles dans le ciel, ils ont appris par le balai de ce bâtiment (2) qu'il avait pris sept baleines, exactement comme Norna vient de nous le dire.

— Oh! justement sept? dit le capitaine Cleveland; et vous l'avez appris à North-Ronaldsha? Et sans doute

---

(1) La guirlande est une couronne de rubans faite par les jeunes femmes qui prennent intérêt à un bâtiment partant pour la pêche de la baleine, ou à son équipage. On la suspend toujours à quelqu'un des agrès, et on la conserve avec grand soin pendant tout le voyage. — Éd.

(2) Les bâtimens baleiniers sont convenus entre eux d'une sorte de signaux télégraphiques, qu'ils font par le moyen d'un balai, pour s'apprendre mutuellement le nombre des baleines qu'ils ont prises. — Éd.

vous avez répandu cette bonne nouvelle dans le pays en venant ici?

— Ma bouche ne s'est pas ouverte une seule fois pour en parler, capitaine. J'ai connu bien des marchands et des colporteurs qui négligeaient leurs affaires pour s'occuper de bavardages; mais, quant à moi, j'aime mieux débiter mes marchandises que des nouvelles. En vérité, je ne crois pas, depuis que j'ai passé l'eau à Dunrossness, avoir dit à trois personnes que l'Olave a fini son chargement.

— Mais si l'une de ces trois personnes s'est amusée à en parler à son tour, et l'on peut parier deux contre un que cela est arrivé, la vieille dame prophétise sur le velours.

C'était à Magnus Troil que Cleveland parlait ainsi, et l'Udaller ne l'écouta pas d'un air d'approbation. Le respect qu'il avait pour sa patrie s'étendait jusqu'à ses superstitions. Il prenait un intérêt véritable à sa malheureuse parente; et s'il ne rendait pas publiquement hommage aux connaissances surnaturelles qu'elle prétendait avoir, il n'aimait pas à les lui entendre contester par d'autres.

— Norna, ma cousine, dit-il en appuyant sur ce mot, n'a aucune relation avec Bryce Snailsfoot ou ses connaissances. Je ne prétends pas savoir de quelle manière elle obtient les informations qu'elle possède, mais j'ai toujours remarqué que les Écossais, et en général tous les étrangers venus dans les îles Shetland, sont souvent prêts à vouloir expliquer des choses qui paraissent passablement obscures à ceux dont les ancêtres y ont demeuré pendant des siècles.

Le capitaine Cleveland se tint la chose pour dite, et

fit un signe d'acquiescement, sans chercher à défendre son scepticisme.

— Maintenant en avant, mes braves amis, dit Magnus, et puissiez-vous tous recevoir des réponses aussi favorables! Combien de tonneaux d'huile sept baleines doivent-elles rapporter? Voyons, il faut que j'en fasse le calcul.

Parmi toute la compagnie, personne ne montrait d'empressement à consulter l'oracle.

— Il y a des gens à qui de bonnes nouvelles font toujours plaisir, leur fussent-elles annoncées par le diable, dit Baby Yellowley en s'adressant à lady Glowrowrum; car des dispositions à peu près semblables, sous bien des rapports, avaient fait naître une sorte d'intimité entre elles; mais je crois, milady, qu'il y a dans tout ceci trop de sorcellerie pour que de bonnes chrétiennes comme vous et moi, milady, puissent l'approuver.

— Il peut y avoir du vrai dans ce que vous dites, dame Yellowley, répliqua la bonne lady Glowrowrum; mais nous autres Shetlandais nous ne sommes pas tout-à-fait comme les autres; et comme cette femme, si elle est sorcière, n'en est pas moins amie et proche parente du fowde, il prendra de l'humeur si nous ne nous faisons pas dire notre bonne fortune comme le reste de la compagnie : je crois même qu'il faudra que mes nièces sautent le pas à leur tour. Et que leur en arrivera-t-il, après tout? elles sont jeunes, comme vous le voyez; suivant le cours ordinaire des choses, elles auront le temps de s'en repentir s'il y a du mal à cela.

Tandis que les autres spectateurs restaient de même dans un état d'indécision causé par la crainte, Halcro, qui voyait le vieil Udaller froncer le sourcil et remuer le pied droit de l'air d'un homme qui a bonne envie d'en frapper violemment la terre, en conclut que la patience était près de lui manquer, et déclara bravement qu'il allait faire une question à la pythonisse en son propre nom, et non comme fondé de pouvoirs d'un autre. Il réfléchit quelques minutes pour rassembler ses rimes, et débita ensuite les vers suivans :

>Toi que chacun craint et révère,
>Qui par le pouvoir de tes chants
>Sais commander aux élémens,
>Dis-moi ce qu'il faut que j'espère.
>Quand Halcro n'existera plus,
>Ses vers qu'aujourd'hui l'on admire
>Seront-ils encore entendus ?
>Sont-ils capables de conduire
>Son nom à l'immortalité ?
>Pourra-t-il, avec sa musette,
>Vivre dans la postérité
>Comme le glorieux poète (1) ?

La voix de la sibylle se fit aussitôt entendre du fond de son sanctuaire,

>L'enfant se plaît au bruit de son humble hochet;
>Le vieillard, autre enfant, de même a son jouet.
>Mais la harpe ne peut avoir de mélodie
>Si la main qui la tient n'en tire l'harmonie.
>L'aigle en son vol hardi s'élève au firmament;
>Mais l'oison plus pesant doit se trouver content
>Si, restant terre à terre, en quelque marécage,
>Il peut du veau marin obtenir le suffrage.

Halcro se mordit les lèvres et leva les épaules; mais reprenant sur-le-champ sa bonne humeur, et profitant

---

(1) Le glorieux John Dryden. — Éd.

du talent que l'habitude lui avait donné pour improviser en vers médiocres, il répliqua :

> Consolons nous d'être un oison.
> De mon chalumeau l'humble son
> Sur les bords d'une obscure crique
> Peut-être du moins s'entendra :
> Et là, jamais de la critique
> Le sifflet ne me poursuivra.
> Des vagues le bruit redoutable
> Accompagnera mes accens,
> Et leurs affreux mugissemens
> Feront paraître plus aimable
> La simple douceur de mes chants.

Le petit poète se retira d'un pas agile et d'un air satisfait de lui-même ; et le bon esprit qu'il venait de montrer en se soumettant avec gaieté au destin auquel la sibylle l'avait condamné, en le mettant de niveau avec un oison, lui valut des applaudissemens universels. Mais la résignation et le courage que lui avait inspirés sa soumission à son patron n'eurent le pouvoir de déterminer personne à consulter la redoutable Norna.

— Les lâches poltrons! dit l'Udaller; et vous, capitaine Cleveland, craignez-vous aussi d'interroger une vieille femme? Demandez-lui quelque chose. Demandez-lui si le vaisseau de douze canons arrivé à Kirkwall est votre vaisseau-matelot.

Cleveland jeta les yeux sur Minna, et croyant voir qu'elle était curieuse de savoir ce qu'il répondrait à son père, il dit après un moment d'hésitation :

— Ni homme ni femme ne m'ont jamais effrayé.

— M. Halcro, vous avez entendu la question que notre hôte désire que je fasse ; faites-la en mon nom, de telle manière que vous le voudrez. Je ne me pique pas d'être plus savant en poésie qu'en sorcellerie.

Halcro n'eut pas besoin d'y être invité deux fois. Il prit la main du capitaine Cleveland, suivant la forme usitée dans cet amusement, et fit la demande suggérée par l'Udaller, dans les termes ci-après :

> Toi, dont chacun redoute l'ire,
> Dans la rade il est un navire
> Arrivé d'un pays lointain.
> Par des bras vaillans dirigée,
> Et par maints canons protégée,
> Cette barque offre dans son sein
> Une cargaison précieuse
> Et des lingots d'or et d'argent.
> Dis-nous, femme mystérieuse,
> Si l'étranger ici présent
> A des droits sur ce bâtiment.

La pythonisse fit attendre son oracle un peu plus long-temps que de coutume, et elle le prononça d'une voix plus basse, quoique d'un ton aussi décidé que les précédens :

> L'or est un métal pur, sans aloi, généreux :
> Le sang est pourpre, noir... à voir il est affreux.
> J'ai porté ce matin mes regards vers la rade ;
> Un perfide faucon était en embuscade...
> Il fondit sur sa proie, et lui perçant le flanc,
> Ses serres et son bec se teignirent de sang.
> Toi qui viens en ce jour m'interroger, prends garde ;
> Tu répondras toi-même. Étends la main, regarde ;
> Elle est souillée encor du sang qu'elle a versé ?
> Va joindre un compagnon de te voir empressé.

Cleveland sourit d'un air de dédain, et étendit la main. — Peu de gens, dit-il, ont abordé aussi souvent que moi dans la Nouvelle-Espagne, sans avoir eu affaire plus d'une fois aux *Guarda-Costas*, mais jamais il n'a existé sur ma main une tache qu'un peu d'eau et une serviette ne pussent en faire disparaître.

L'Udaller ajouta d'une voix forte : — Il n'y a jamais de paix avec les Espagnols au-delà de la ligne. Je l'ai entendu dire cent fois au capitaine Tragendeck et au vieux commodore Rummelaer, qui tous deux avaient été dans la baie d'Honduras et dans tous les parages de la même latitude. Je déteste tous les Espagnols depuis qu'ils sont venus ici en 1558, et qu'ils enlevèrent tous les vivres qui se trouvaient à Belle-Ile. J'ai entendu mon grand-père en parler, et il doit y avoir chez moi une vieille histoire écrite en hollandais, qui prouve tout ce qu'ils ont fait dans les Pays-Bas depuis long-temps. Ils n'ont ni foi ni merci.

— C'est la vérité, mon vieil ami, dit Cleveland, la pure vérité. Ils sont jaloux de leurs possessions d'outre-mer, comme un vieux mari l'est de sa jeune épouse ; et s'ils trouvent le moyen de s'emparer d'un ennemi, il est claquemuré pour la vie dans leurs mines. Aussi nous les combattons le pavillon cloué au haut du mât.

— Et c'est ce qu'il faut faire ! s'écria Magnus. Le vieux marin anglais (1) ne le baisse jamais. Quand je pense à ces murailles de bois, je me croirais presque Anglais, si ce n'était trop ressembler aux Écossais mes voisins. Messieurs, je n'entends offenser personne ; nous sommes tous amis, et vous êtes tous les bien-venus ici. Allons, Brenda, c'est votre tour ; interrogez la sibylle ; vous savez assez de vers norses, personne ne l'ignore.

(1) *Old british Jack.* — Éd.

— Mais je ne me souviens d'aucuns qui conviennent à la circonstance, répondit Brenda en reculant quelques pas.

— Mauvaise excuse! répliqua son père en la poussant en avant, tandis qu'Halcro lui prenait la main presque malgré elle ; une modestie déplacée ne doit jamais nuire à une gaieté honnête. Parlez pour Brenda, Halcro ; c'est à un poète qu'il appartient d'interpréter les pensées d'une jeune fille.

Le barde salua la jolie Brenda avec l'ardeur d'un poète et la galanterie d'un voyageur ; et lui ayant rappelé à voix basse qu'elle n'était nullement responsable des sottises qu'il allait dire, il garda le silence quelques instans, les yeux levés vers le ciel, sourit avec complaisance, comme s'il eût été satisfait de l'idée qui se présentait à lui, et déclama enfin les vers qui suivent :

> Toi que chacun craint et révère,
> Ce que la beauté veut celer,
> Tu sais que ta tâche ordinaire
> Doit être de le révéler.
> Que le miel le plus doux arrose
> Les mots que tu vas prononcer;
> Empreins du parfum de la rose
> Le destin que tu vas tracer.
> Nous désirons ici connaître
> Si l'Amour se rendra le maître
> Du cœur de l'aimable Brenda :
> Et si ce dieu, souvent un traître,
> De son bonheur s'occupera.

La pythonisse répondit presque immédiatement :

> De la beauté qu'un tendre amant adore,
> Mais ingénue et résistant encore,
> Le cœur enfin quelque jour cédera.
> Telle est la neige qui couronne

> La cime altière du Rona,
> Quand l'hiver y place son trône ;
> Mais un rayon du soleil la fondra ;
> Un ruisseau soudain en naîtra...
> La fraîcheur du gazon trahit dans la prairie
> Le cours bienfaisant de ses eaux :
> Il va réjouir les troupeaux,
> Et d'un heureux berger la demeure embellie.

— Voilà une doctrine consolante, et il est impossible de parler plus sensément, dit l'Udaller en saisissant le bras de Brenda qui rougissait et qui cherchait à s'échapper. Il ne faut pas rougir pour cela, mon enfant ; devenir maîtresse de la maison d'un homme honnête, servir à perpétuer le nom de quelque ancienne famille norse, avoir le moyen de faire le bonheur de ses voisins, de soulager le pauvre, de rendre service aux étrangers, c'est le sort le plus honorable que puisse désirer une jeune fille, et je le souhaite de tout mon cœur à toutes celles qui sont ici. Allons, qui va parler maintenant ? Il pleut de bons maris. Maddie Groatsettars, ma gentille Clara, venez ici, et prenez-en votre part.

— Je ne sais trop, dit lady Glowrowrum en branlant la tête d'un air d'embarras, si je dois tout-à-fait approuver...

— Suffit, suffit, dit Magnus, je ne force personne ; mais le divertissement continuera jusqu'à ce qu'on en soit las. Venez, Minna, vous êtes à mes ordres, vous : approchez. Il ne faut pas s'effaroucher d'une plaisanterie innocente ; il y a bien d'autres choses dont on devrait plutôt rougir. Allons, je me charge de porter la parole pour vous, quoique je sois un peu brouillé avec la rime.

Une rougeur légère colora un instant les joues de

Minna, qui, reprenant aussitôt son sang-froid, se tint debout près de son père, de l'air d'une femme qui se met au-dessus de toutes les petites plaisanteries auxquelles pouvait donner lieu la situation où elle se trouvait.

Son père, après avoir passé plusieurs fois la main sur son front et avoir fait quelques autres efforts pour exciter sa verve, accoucha enfin des vers suivans :

>Réponds, mère Norna : sans trop de verbiage,
>   Soit par un non, soit par un oui,
>Cette beauté voudrait tâter du mariage.
>   L'Hymen sera-t-il son partage ?
>Et le bonheur viendra-t-il avec lui ?

On entendit la pythonisse soupirer profondément dans son tabernacle, comme si elle eût regretté d'être obligée de répondre à la question qui lui était faite. Elle prononça enfin son oracle :

>   Le cœur de la vierge innocente
>   Que n'a séduite aucun mortel,
>   Est comme la neige éclatante
>Qui couronne ce mont si rapproché du ciel ;
>Mais un amour fatal est comme la tempête,
>Dont le souffle brûlant vient souiller sa blancheur.
>A peine a-t-on le temps de détourner la tête,
>Le charme a disparu : — d'un torrent destructeur
>Les flots précipités des flancs de la montagne
>Vont exercer au loin leur terrible fureur :
>   Tout est flétri dans la campagne.

L'Udaller entendit cette réponse avec un profond ressentiment. — Par les reliques du saint martyr dont je porte le nom ! s'écria-t-il en rougissant de colère, c'est abuser de ma courtoisie, et si toute autre que vous avait accouplé le nom de ma fille avec le mot destruction, cette audace ne resterait pas impunie. Mais, allons, sors de ta cabane, vieux dragon, ajouta-t-il en souriant, j'aurais dû savoir que tu ne peux prendre part long-temps à tout ce qui sent la gaieté; que Dieu te protège!

Ne recevant aucune réponse, il reprit la parole au bout de quelques instans. — Allons, cousine, il ne faut pas m'en vouloir, quoique je t'aie parlé un peu brusquement. Tu sais que je ne veux de mal à personne, et moins à toi qu'à qui que ce soit; ainsi, viens, et donne-moi la main. Tu aurais pu me prédire le naufrage de mon vaisseau et une mauvaise pêche, sans que j'eusse dit un seul mot; mais quand il s'agit de Minna ou de Brenda, tu sens que cela me touche de plus près. Allons, je te le répète, donne-moi la main, et qu'il n'en soit plus question.

Norna était toujours muette, et les spectateurs commençaient à se regarder les uns les autres avec quelque surprise, quand l'Udaller ayant levé la peau qui fermait l'entrée du sanctuaire, on vit que l'intérieur était vide. L'étonnement devint alors universel, et il n'était pas sans mélange de crainte, car il paraissait impossible que Norna en fût sortie sans que personne l'eût aperçue. Il était pourtant bien certain qu'elle n'y était plus; et Magnus, après un moment de réflexion, laissa retomber la peau qu'il avait soulevée.

— Mes amis, dit-il d'un air enjoué, il y a long-temps que nous connaissons ma parente, et nous savons que ses manières ne ressemblent en rien à celles des habitans ordinaires de ce monde; mais elle veut du bien à son pays; elle a pour moi et pour les miens l'amitié d'une fille, et je garantis qu'aucun de mes hôtes n'a rien à craindre d'elle; je serais même surpris si elle ne revenait pas dîner avec nous.

— A Dieu ne plaise! dit Baby Yellowley à lady Glowrowrum; car, pour vous dire la vérité, milady, je n'aime pas les commères qui peuvent venir et s'en aller comme un rayon de soleil ou un coup de vent.

— Parlez plus bas, dit lady Glowrowrum, parlez plus bas, et rendez grace au ciel de ce qu'elle n'a pas emporté la maison avec elle. Il y a des sorcières qui ont joué de plus mauvais tours ; et c'est ce qui lui est arrivé à elle-même, quand elle n'avait pas quelque raison de n'en rien faire.

Tous les spectateurs tenaient en chuchotant à peu près les mêmes propos ; mais enfin l'Udaller faisant entendre sa voix de stentor, et prenant un ton d'autorité, invita toute la société à le suivre, ou plutôt il donna l'ordre de venir assister au départ des barques qui allaient pêcher en pleine mer.

— Le vent a été contraire depuis le lever du soleil, dit-il, ce qui a retenu les barques dans la baie ; mais en ce moment il devient favorable, et elles vont mettre à la voile à l'instant.

Ce changement subit dans le temps occasiona plus d'un clin d'œil et plus d'un chuchotement parmi la compagnie, assez disposée à lier cette circonstance avec la disparition soudaine de Norna. Personne ne se permit pourtant des observations qui auraient été désagréables au maître de la maison. Il s'avança d'un pas majestueux vers le rivage, et ses hôtes le suivirent avec un air de soumission respectueuse, comme un troupeau de daims suit celui qui lui sert de chef.

CHAPITRE XXII.

> « Le sourire infernal qui brillait dans ses yeux
> » Excitait à la fois la crainte et la colère.
> » Osait-on l'irriter, malheur au téméraire!
> » Son regard faisait fuir la pitié vers les cieux!
>
> <p align="right">Lord Byron. <i>Le Corsaire.</i></p>

La pêche est la principale occupation des habitans des îles Shetland, et c'était autrefois sur elle que comptaient les riches pour augmenter leurs revenus, et les pauvres pour s'assurer des moyens d'existence. La saison de la pêche y est donc ce qu'est celle de la moisson dans un pays agricole, c'est-à-dire l'époque la plus importante, comme la plus animée de l'année.

Dans chaque district, les pêcheurs se rassemblent à des rendez-vous désignés, y conduisent leurs barques, et y réunissent leurs équipages. Ils construisent sur le rivage, pour leur habitation temporaire, de petites huttes en terre couvertes de gazon, et des skeows ou hangars pour faire sécher le poisson ; de sorte que la côte solitaire prend tout à coup l'air d'une ville indienne. Les points où ils se rendent pour pêcher en pleine mer sont souvent à plusieurs milles du lieu où l'on fait sécher le poisson, de sorte qu'ils sont toujours absens vingt ou trente heures, souvent davantage ; et, s'ils ont le malheur d'avoir contre eux le vent ou la marée, ils restent en mer deux ou trois jours, avec une très-petite provision de vivres, et sur des barques de construction très-fragile. Il arrive même quelquefois qu'on n'en entend plus parler. Le départ des pêcheurs éveille donc des idées de dangers et de peines qui ennoblit leur état ; et les inquiétudes des femmes qu'on voit sur le rivage, suivre les barques des yeux, ou cherchant à les découvrir de loin lors de leur retour, ajoute un vif intérêt à cette scène (1).

(1) Le docteur Edmonston, spirituel auteur d'un tableau de l'état ancien et actuel des îles Shetland, a présenté cette partie de notre sujet sous un jour intéressant. — Il est vraiment pénible, dit-il, de voir l'inquiétude et la détresse des femmes de ces pauvres gens, à l'approche d'une tempête. Sans craindre la fatigue, elles quittent leurs maisons et courent à l'endroit où elles savent que leurs maris doivent débarquer, ou elles montent sur le haut d'un rocher pour les découvrir sur la surface de l'Océan. Si elles entrevoient une voile, elles la suivent des yeux en tremblant, épiant le mouvement des vagues qui la leur montre et la fait disparaître tour à tour. Quelquefois elles sont rassurées par l'arrivée de l'objet de leur sollicitude, mais quelquefois aussi elles cherchent la barque qui ne doit jamais revenir. Sujets à l'influence d'un climat variable, naviguant sur une mer naturellement orageuse, ils passent rarement une saison sans qu'il arrive quelque accident fatal, ou qu'ils en soient presque miraculeusement préservés. (*Ta-*

Tout était donc vie et activité sur le rivage, quand l'Udaller et ses amis y arrivèrent. Les équipages d'une trentaine de barques, composés chacun de trois à six hommes, ayant pris congé de leurs femmes et de leurs parens, sautaient à bord de leurs longues barques norwégiennes, où leurs lignes et leurs filets étaient déjà préparés. Magnus n'était pas spectateur oisif de cette scène; allant sans cesse de l'un à l'autre, il s'informait de l'état de leurs provisions pour le voyage, et de leurs préparatifs pour la pêche. De temps en temps il proférait quelque gros jurement en norse ou en hollandais, appelait les pêcheurs des nigauds qui allaient se mettre en mer dans des barques mal avitaillées; mais il finissait toujours par ajouter à leurs provisions un gallon de genièvre, un lispund de viande salée, ou quelque autre chose qui pouvait leur être utile. Les braves pêcheurs, en recevant ses présens, lui adressaient leurs remerciemens avec cette brièveté brusque qui plaisait à Magnus; mais la reconnaissance des femmes était plus bruyante, et il était obligé de leur imposer silence en donnant au diable toutes les langues femelles, depuis celle de notre mère Ève.

Enfin tous se trouvèrent à bord; les voiles furent déployées, et l'on donna le signal du départ. En s'éloignant du rivage, les rameurs semblaient se disputer à qui arriverait le premier à la pêcherie pour y tendre ses lignes avant les autres, exploit auquel l'équipage de la barque qui en venait à bout n'attachait pas peu d'importance.

bleau, etc., des îles Shetland, tome Ier.) — On trouve dans cet ouvrage beaucoup de détails intéressans sur la pêche, l'agriculture et les antiquités de ce pays.

Tandis qu'on pouvait encore les entendre du rivage, ils chantèrent une ancienne chanson norse arrangée pour cette occasion, et dont Halcro avait fait la traduction littérale qui va suivre :

Adieu, jeunes filles,
Fraîches et gentilles,
Divertissez-vous,
Mais dansez sans nous.

Pour nous plus de danse,
Tout sera souffrance
Sur le sein des mers :
Les vents qui frémissent,
Les flots qui mugissent,
Seront nos concerts.

Adieu, jeunes filles,
Fraîches et gentilles,
Divertissez-vous,
Mais dansez sans nous.

Mais pourquoi nous plaindre?
Partons sans rien craindre
En chantant gaiement :
Marin qui s'embarque
Doit-il dans sa barque
Gémir un moment?

Adieu, jeunes filles,
Fraîches et gentilles,
Divertissez-vous,
Mais dansez sans nous.

Sus, qu'on se dépêche,
Voici pour la pêche
L'instant de partir.
Partons tout de suite,
Nous pourrons plus vite
Ici revenir.

>Adieu, jeunes filles,
>Fraîches et gentilles,
>Divertissez-vous,
>Mais dansez sans nous.
>
>En quittant la rade,
>Pour dernière aubade,
>Chantons en chorus :
>Que le ciel envoie
>Santé, vie et joie
>Au noble Magnus.
>
>Adieu, jeunes filles,
>Fraîches et gentilles,
>Divertissez-vous,
>Mais dansez sans nous.

La voix bruyante des pêcheurs fut bientôt étouffée par le bruit des vagues, mais on put reconnaître quelque temps l'air qu'ils chantaient, au milieu des sifflemens du vent et des mugissemens des ondes; et les barques semblaient déjà converties en points noirs perdus peu à peu dans l'horizon, que l'oreille pouvait encore distinguer des voix humaines au milieu du tumulte des élémens.

Les femmes des pêcheurs restèrent sur le rivage jusqu'à ce que les barques de leurs maris eussent totalement disparu, après quoi, se retirant à pas lents, les yeux baissés et l'inquiétude peinte sur le visage, elles se rendirent dans les hangars construits près de la côte, afin d'y faire les arrangemens nécessaires pour préparer et sécher le poisson qu'elles espéraient que leurs époux, leurs parens, leurs amis, ne tarderaient pas à rapporter. Çà et là on voyait une vieille sibylle déployer toute son importance en prédisant, d'après l'état apparent de l'atmosphère, que le vent serait contraire ou favorable, tandis que d'autres recommandaient de vouer une offrande à l'église de Saint-Ninian pour la sûreté des pêcheurs et de leurs barques, ancienne superstition catholique qui n'est pas encore entièrement abolie. Enfin d'autres, d'une voix basse et d'un ton craintif, regrettaient que Norna de Fitful-Head fût partie mécontente le matin de Burgh-Westra, tandis que, de tous les jours de l'année, celui de l'ouverture de la pêche était celui où l'on aurait surtout dû prendre garde de la mécontenter.

Les hôtes de Magnus Troil ayant aussi passé quelque temps à regarder la petite flotte, et causer avec les pauvres femmes des pêcheurs, commencèrent à se diviser en différens groupes. Ils marchèrent en diverses directions, ne suivant que leur fantaisie pour guide, afin de jouir de ce qu'on peut appeler le clair obscur d'un beau jour d'été dans les îles Shetland. Si l'on y manque de ce brillant éclat du soleil des climats plus doux, l'aspect de ce pays a un caractère mélancolique qui lui appartient exclusivement. Les paysages n'y sont pas sans agrément, quoique leur nudité, leur solitude et leur monotonie aient quelque chose de sauvage en harmonie avec leur stérilité.

Dans un des endroits les plus solitaires de la côte, une vaste ouverture dans les rochers offrait à la marée le moyen d'entrer dans la caverne, ou, comme on l'appelait dans le pays, dans l'halier de Swaraster; Minna Troil s'y promenait avec le capitaine Cleveland. Ils avaient sans doute choisi ce local, parce qu'il était probable qu'ils seraient moins interrompus que partout ailleurs, car la force de la marée rendait l'accès difficile aux barques, et la plupart des habitans craignaient même d'en approcher, attendu qu'on supposait qu'il servait d'habitation à une sirène, race à laquelle la superstition norwégienne prêtait des connaissances magiques et des inclinations malfaisantes. Ce fut donc le lieu que choisit Minna pour sa promenade avec son amant.

Un petit tapis de sable blanc comme le lait, qui s'étendait sous une roche du rivage, leur offrait un sol ferme de trois cents pas de longueur environ, où l'on pouvait marcher à pied sec. Il se terminait à une extremité par un renfoncement subit de la baie, où la mer, à peine effleurée par les vents, polie comme une glace, se montrait entre deux rochers qui formaient les deux extrémités de la petite crique, et dont les sommets se rapprochaient l'un de l'autre comme s'ils eussent voulu se joindre au-dessus de l'onde. La promenade était bornée à l'autre extrémité par un roc sourcilleux, domicile presque inaccessible de plusieurs centaines d'oiseaux de mer de diverses espèces, et dans les flancs duquel s'ouvrait la vaste caverne, ou l'halier, abîme profond dans lequel la marée semblait se précipiter et s'engloutir. L'entrée de cette caverne ne consistait pas en une seule arche, comme c'est l'ordinaire; elle était divisée par un énorme pilier qui n'était autre chose qu'un rocher s'élançant du fond de la mer jusqu'au faîte, et qui, paraissant en soutenir la partie supérieure, formait ainsi un double portail, auquel les pêcheurs et les paysans avaient donné le nom bizarre de *Narines du diable*. Cleveland s'était déjà plus d'une fois promené avec Minna Troil dans ce lieu sauvage et solitaire, où l'on n'était troublé que par les cris des oiseaux de mer: elle en faisait sa promenade favorite.

Les objets qui s'y présentaient à sa vue flattaient le goût qu'elle avait pour tout ce qui était romanesque, sombre et extraordinaire. Mais l'entretien qui l'occupait vivement alors était de nature à détourner son attention et celle de son compagnon du spectacle qu'ils avaient sous les yeux.

— Vous ne pouvez le nier, dit-elle, vous avez conçu contre ce jeune homme des impressions qui annoncent la prévention et l'injustice. Il n'a rien fait qui doive vous prévenir défavorablement contre lui, et vous vous êtes livré à son égard à une violence aussi imprudente qu'impossible à justifier.

— J'avais cru, répondit Cleveland, que le service que je lui ai rendu hier m'aurait mis l'abri d'une telle accusation. Je ne parle pas du risque que j'ai couru, j'ai toujours vécu au milieu des dangers, et je les aime. Cependant peu de gens se seraient hasardés si près de l'animal furieux, pour sauver un homme qui leur aurait été complètement étranger.

— Il est bien vrai que tout le monde n'en aurait pas fait autant, répliqua Minna d'un air grave; mais quiconque a du courage et de la générosité en aurait donné la même preuve. Claude Halcro, cette tête éventée, n'eût pas hésité si ses forces eussent été égales à son courage, — et mon père lui-même, quoiqu'il ait un juste sujet de ressentiment contre ce jeune homme que la vanité a porté à abuser de son hospitalité. Ne vous vantez donc pas trop de votre exploit, mon ami, si vous ne voulez me donner à penser qu'il vous a coûté de grands efforts. Je sais que vous n'aimez pas Mordaunt Mertoun, quoique vous ayez exposé votre vie pour sauver la sienne.

— Et ne pardonnerez-vous donc rien aux maux qu'il m'a fait souffrir si long-temps, quand le bruit général m'apprenait que ce jeune dénicheur d'oiseaux était une barrière qui s'élevait entre moi et ce que je désirais le plus obtenir sur la terre : la tendresse de Minna Troil!

Il parlait d'un ton aussi passionné qu'insinuant, et ses manières, autant que ses expressions, formaient un contraste frappant avec les discours et les gestes d'un marin sans éducation, dont il cherchait ordinairement à se donner la tournure. Mais son apologie ne parut pas satisfaisante à Minna.

— Vous avez su, dit-elle, peut-être trop tôt et trop clairement, combien peu vous aviez à craindre, si effectivement vous l'avez craint, que ce Mertoun, ou tout autre, eût trouvé le chemin du cœur de Minna... Trêve de remerciemens et de protestations : la meilleure preuve de reconnaissance que vous puissiez me donner, c'est de vous réconcilier avec ce jeune homme, ou du moins d'éviter toute querelle avec lui.

— Que nous soyons jamais amis, Minna, c'est ce qui est absolument impossible. Tout l'amour que j'ai pour vous, et c'est la plus puissante émotion que mon cœur ait jamais éprouvée, ne saurait même opérer ce miracle.

— Et pourquoi, s'il vous plaît? Bien loin de vous être jamais nui l'un à l'autre, vous vous êtes rendu des services réciproques; pourquoi donc ne pouvez-vous être amis? J'ai plusieurs motifs pour le désirer.

— Et pouvez-vous oublier ce ton de légèreté avec lequel il a parlé de Brenda, de vous-même, de la maison de votre père?

— Je puis tout pardonner. N'en pouvez-vous faire autant, vous qui n'avez jamais été offensé?

Cleveland baissa les yeux, garda un instant le silence, et levant ensuite la tête : — Je pourrais vous tromper, Minna, dit-il, je pourrais vous promettre ce qu'il me serait, — je le sens, — impossible d'exécuter; mais si je suis forcé de recourir à tant de détours avec les autres, je ne veux en employer aucun avec vous. Je ne puis être ami de ce jeune homme. Il existe entre nous une antipathie naturelle, et une aversion d'instinct qui nous rendent odieux l'un à l'autre. — Interrogez-le lui-même, il vous dira qu'il pense de même à mon égard. Le service qu'il m'avait rendu servait de frein à mon ressentiment, mais cette contrainte me dépitait à un tel point, que j'aurais rongé le mors jusqu'à m'ensanglanter les lèvres.

— Vous avez porté si long-temps ce que vous avez coutume d'appeler votre masque de fer, que vos traits gardent l'impression de sa dureté, même quand il est ôté.

— Vous êtes injuste, Minna, et vous me faites des reproches parce que je vous parle avec franchise et vérité. Je vous dirai pourtant franchement encore que je ne puis être l'ami du jeune Mertoun; mais ce sera sa faute et non la mienne si je deviens jamais son ennemi. Je ne cherche pas à lui nuire, mais n'exigez pas que je l'aime. Soyez même assurée que cet effort, si j'en étais capable, serait inutile; car je suis certain que plus je ferais d'avances pour obtenir son amitié, plus j'éveillerais sa haine et ses soupçons. Laissez-nous donc le libre exercice de nos sentimens naturels; et comme ils nous éloigneront certainement l'un de l'autre de plus en plus, il est probable que nous n'aurons jamais aucune occasion de querelle. Cela vous satisfait-il?

— Il le faut bien, puisque vous m'assurez que c'est un mal sans remède. Mais à présent, dites-moi pourquoi vous aviez l'air si pensif quand vous avez appris l'arrivée de votre vaisseau-matelot, car je ne doute pas que ce soit lui qui vient d'entrer dans le port de Kirkwall.

— Je crains les conséquences de l'arrivée de ce bâtiment et de son équipage; je crains qu'il n'en résulte la ruine de mes plus chères espérances. J'avais fait quelques progrès dans les bonnes graces de votre père; avec le temps j'aurais pu en faire davantage, et voici Allured et Hawkins qui arrivent pour détruire à jamais cet espoir. Je vous ai dit de quelle manière nous nous sommes séparés. Je commandais alors un navire plus fort et mieux armé que le leur; j'avais un équipage qui, au premier de mes signes, aurait attaqué une légion de démons armés de leur terrible élément; à présent, je suis seul, isolé, dépourvu de tous moyens pour les retenir et leur en imposer, et ils ne tarderont pas à donner de telles preuves de leur caractère désordonné et de la licence qui leur est habituelle, qu'ils entraîneront probablement leur ruine et la mienne.

— Ne craignez rien: mon père ne peut être assez injuste pour vous rendre responsable des fautes des autres.

— Mais que dira Magnus Troil des miennes, belle Minna? demanda Cleveland en souriant.

— Mon père est norwégien, répondit Minna; il descend d'une race opprimée; et il s'inquiètera fort peu que vous ayez combattu les Espagnols qui sont les tyrans du Nouveau-Monde, ou les Hollandais et les Anglais qui leur ont succédé dans leurs domaines usurpés. Ses propres ancêtres ont maintenu la liberté des mers sur ces vaillantes flottes dont l'étendard était l'épouvante de toute l'Europe.

— Je crains néanmoins, dit Cleveland en souriant, que le descendant d'un de ces anciens rois de la mer ne pense qu'un forban moderne n'est pas une connaissance digne de lui. Je ne vous ai pas caché que j'ai lieu de craindre les lois anglaises, et Magnus, quoique grand ennemi des taxes et des impôts, a des idées un peu rétrécies sur d'autres matières. Il attacherait volontiers une corde à la grande vergue pour y pendre un malheureux flibustier.

— Gardez-vous bien de le croire. Il souffre trop lui-même de l'oppression des lois tyranniques de nos orgueilleux voisins d'Écosse. J'espère qu'il sera bientôt en état d'y opposer une résistance ouverte. Nos ennemis, car c'est ainsi que je veux les appeler, sont maintenant divisés entre eux; chaque vaisseau qui arrive sur nos côtes apporte l'avis de quelque nouvelle commotion : les montagnards s'arment contre les habitans des basses terres, les Williamites contre les Jacobites, les Whigs contre les Torys, et pour couronner le tout, l'Angleterre contre l'Écosse. Qu'y a-t-il donc, comme Claude Halcro nous l'a fort bien fait entendre, qui puisse nous empêcher de profiter des querelles de ces brigands, pour nous rétablir dans l'indépendance dont ils nous ont privés?

— D'arborer l'étendard du corbeau sur le château de Scalloway, dit Cleveland en imitant le ton et l'emphase de Minna; — de proclamer votre père le comte Magnus Ier.

— Le comte Magnus VII, s'il vous plait, répliqua Minna en l'interrompant; car six de ses ancêtres ont porté la couronne de comte avant lui. Vous pouvez rire de mon enthousiasme, mais qu'y a-t-il qui puisse empêcher tout cela?

— Rien ne l'empêchera, parce que jamais on n'essaiera de réaliser ce rêve : pour l'empêcher il ne faudrait que la chaloupe d'un vaisseau de ligne anglais.

— Vous nous traitez avec mépris, monsieur; vous devriez pourtant savoir par expérience ce que peut faire une poignée d'hommes déterminés.

— Mais il faut qu'ils aient des armes, Minna, et la volonté de risquer leur vie dans chaque entreprise hasardeuse qu'ils tentent. Ne pensez pas à de telles visions. Le Danemarck a été réduit à devenir un royaume de second ordre, hors d'état de rendre une seule bordée à l'Angleterre; et dans ces îles l'amour de l'indépendance a été étouffé par un long assujettissement, ou il ne se manifeste que par quelques murmures de mécontentement qui n'osent se faire entendre qu'à l'aide de la bouteille. Mais quand tous les habitans auraient l'esprit aussi guerrier que leurs ancêtres, que pourraient faire les équipages sans armes de quelques barques de pêcheurs contre la marine britannique? N'y pensez plus, chère Minna, c'est un rêve; et je dois le nommer ainsi, quoique ce rêve ajoute à l'éclat de vos regards et vous donne une démarche si imposante.

— Oui, sans doute, c'est un rêve, dit Minna en baissant les yeux, et il ne convient pas à une fille d'Hialtland de vouloir lever la tête et de marcher en femme libre. Nos regards doivent se fixer sur la terre, et nos pas doivent être lents et mesurés comme ceux de l'homme qui obéit à un maître.

— Il existe, répliqua Cleveland, des contrées où l'œil peut planer sur des bosquets de palmiers et de cocotiers, où le pied peut se mouvoir avec la célérité d'un bâtiment à toutes voiles, sur des savanes, des champs tapissés de fleurs, où l'odorat respire les plus doux parfums, et où l'on ne connaît d'autre asservissement que celui du brave au plus brave, et de tous les cœurs à la plus belle.

— Non, Cleveland, répondit Minna après un moment de silence; mon pays natal, quelque sauvage que vous le trouviez, et quelque opprimé qu'il soit véritablement, a pour moi des charmes que ne peut m'offrir aucune autre contrée de l'univers. Je m'efforce en vain de me faire une idée de ces arbres et de ces bosquets que mes yeux n'ont jamais vus; mon imagination ne peut concevoir dans toute la nature un spectacle plus sublime que ces vagues quand elles sont agitées par une tempête, ou plus majestueux que ces ondes quand elles s'avancent, comme en ce moment, dans un calme profond vers le rivage. Les plus beaux lieux sur une terre étrangère, le rayon du soleil le plus brillant sur le plus riche paysage, ne pourraient détourner mes pensées un seul instant de ce rocher majestueux, de cette montagne qui se perd dans les nuages, et de ce vaste Océan. L'Hialtland est la patrie où mes ancêtres sont morts, où mon père vit encore; c'est là que je veux vivre et mourir.

— Eh bien! et moi aussi, je veux vivre et mourir dans l'Hialtland. Je n'irai point à Kirkwall; je ne ferai point connaître mon existence à mes camarades, parce qu'il me serait difficile de leur échapper. Votre père a de l'amitié pour moi, Minna: qui sait si mes soins, mes attentions, le temps, ne pourront pas le déterminer à me recevoir dans sa famille? Qui pourrait s'inquiéter de la longueur d'un voyage dont le bonheur est le but?

— C'est encore un rêve, dit Minna; n'y songez pas, c'est une chose impossible. Tant que vous demeurerez chez mon père, qu'il pourra vous être utile, que vous prendrez place à sa table, vous trouverez en lui un ami généreux, un hôte hospitalier; mais parlez-lui de ce qui touche son nom et sa famille, et le franc et cordial Udaller ne sera plus pour vous que le fier descendant d'un comte norwégien. Jugez-en vous-même : ses soupçons sont tombés un instant sur Mordaunt Mertoun, et il a retiré son amitié au jeune homme qu'il chérissait comme un fils. Personne ne peut prétendre à s'allier à sa famille, s'il ne descend d'une race du Nord, sans tache et sans reproche.

— Et qui m'assure que la mienne n'en est pas?

— Comment! avez-vous quelque raison pour croire que vous descendez d'une famille norse?

— Je vous ai déjà dit, belle Minna, que ma famille m'est entièrement inconnue. J'ai passé mon enfance dans la solitude, sur une habitation de la petite île de la Tortue, élevée par mon père, qui était alors bien différent de ce que je l'ai vu depuis. Nous fûmes pillés par les Espagnols, et réduits à une telle détresse que mon père, par désespoir et par soif de vengeance, prit les armes; et ayant été reconnu pour chef par quelques individus dans les mêmes circonstances que lui, il devint ce qu'on appelle un boucanier, croisa contre les Espagnols avec diverses vicissitudes de bonne et de mauvaise fortune; et enfin, ayant voulu réprimer quelque acte de violence de ses compagnons, périt sous leurs coups, sort assez commun de ces capitaines de forbans. Mais d'où venait mon père, et quel était le lieu de sa naissance, c'est ce que j'ignore, et je n'ai jamais éprouvé la moindre curiosité pour l'apprendre.

— Au moins votre infortuné père était Anglais?

— Je n'en doute nullement. Son nom, que j'ai rendu trop formidable pour jamais le prononcer, est anglais, et la connaissance qu'il avait de la langue et même de la littérature anglaise, jointe aux peines qu'il prenait, avant notre ruine, pour me rendre aussi savant que lui à cet égard, prouvait clairement qu'il était né en Angleterre. Si le caractère de rudesse dont je me revêts, quand l'occasion l'exige, n'est pas celui qui m'est naturel, c'est à mon père que je le dois, Minna; c'est lui qui m'a transmis des idées et des principes qui, jusqu'à un certain point, peuvent me rendre digne de votre estime et de votre approbation. Et cependant il me semble quelquefois que j'ai deux caractères, car je puis à peine croire que le Cleveland qui se promène en ce moment sur ce rivage solitaire avec l'aimable Minna Troil, et à qui il est permis de lui parler de la passion qu'il a conçue pour elle, soit le chef entreprenant de cette bande audacieuse dont le nom était aussi terrible qu'une tourmente.

— Il ne vous eût pas été permis de parler ainsi à la fille de Magnus Troil, si vous n'eussiez été le chef brave et intrépide qui, avec de si faibles moyens, a rendu son nom si redoutable. Mon cœur, comme celui d'une damoiselle des anciens temps, veut être gagné non par des douceurs, mais par des actions héroïques.

— Hélas! ce cœur, dit Cleveland en soupirant, que puis-je faire pour le mettre dans mes intérêts comme je le désirerais?

— Rejoindre vos amis, suivre la fortune, et laisser au destin le soin du reste. Si vous reveniez ici chef d'une flotte formidable, qui sait ce qui pourrait arriver?

— Et qui m'assurera qu'à mon retour, si je reviens jamais, je ne trouverai pas Minna Troil fiancée ou épouse? Non, Minna, je ne confierai pas au destin le seul objet digne de mes désirs que le voyage orageux de ma vie m'ait encore offert.

— Écoutez-moi, Cleveland; je m'engagerai, si vous osez accepter un tel engagement, par la promesse d'Odin, par le plus sacré des rites du Nord encore en usage parmi nous, à ne jamais épouser un autre que vous, avant que vous ayez renoncé aux droits que je vous aurai donnés. Cela vous satisfera-t-il? Je ne puis ni ne veux vous promettre autre chose.

— Il faut donc bien que je m'en contente, répondit Cleveland après un moment de silence; mais souvenez-vous que c'est vous qui me forcez à reprendre une vie que les lois d'Angleterre déclarent criminelle, et que les passions violentes des hommes audacieux qui s'y consacrent ont rendue infame.

— Je suis supérieure à de tels préjugés, dit Minna. Tandis que vous combattez l'Angleterre, je regarde ses lois du même œil que je regarderais la déclaration d'un ennemi orgueilleux qui menacerait de n'accorder aucun quartier : un homme brave n'en combat pas moins avec courage. Quant à vos camarades, pourvu que leur manière de vivre ne corrompe pas la vôtre, pourquoi leur mauvaise réputation s'attacherait-elle à vous?

Tandis qu'elle parlait ainsi, Cleveland la regardait avec surprise et admiration; mais la simplicité de Minna lui arrachait en même temps un sourire qu'il pouvait à peine déguiser.

— Je n'aurais jamais cru, dit-il, que tant de courage eût pu se trouver joint à tant d'ignorance du monde, tel qu'il existe aujourd'hui. Quant à moi, ceux qui me connaissaient conviendront que j'ai fait tous mes efforts, au risque de ma popularité et même de ma vie, pour adoucir la férocité de mes compagnons. Mais comment donner des leçons d'humanité à des gens dévorés de la soif de la vengeance contre le monde qui les a proscrits? Comment leur apprendre à mettre de la modération dans les plaisirs que le hasard seul peut leur offrir pour jeter un peu de variété sur une vie qui, sans cela, ne serait qu'une suite continuelle de privations et de dangers? Mais cette promesse, Minna, cette promesse qui est la seule récompense que je doive recevoir du plus fidèle attachement, je ne dois pas perdre de temps pour la réclamer.

— Ce n'est pas ici, c'est à Kirkwall qu'elle doit être faite; il faut que nous invoquions, que nous prenions à témoin de cet engagement l'esprit qui préside à l'antique cercle de Stennis. Mais vous craignez peut-être de nommer l'ancien père de ceux qui ont péri dans les combats, le Sévère, le Terrible?

Cleveland sourit.

— Rendez-moi la justice de croire, aimable Minna, que je suis peu disposé à craindre ce qui pourrait être

LE PIRATE. 143

une cause véritable de terreur; et quant à ce qui n'existe que dans l'imagination, je suis impassible.

— Vous n'y croyez donc pas? En ce cas, vous feriez mieux d'être l'amant de Brenda que le mien.

— Je croirai tout ce que vous croyez, Minna. Les habitans de Walhalla, dont je vous ai entendu parler si souvent avec ce fou de poète Claude Halcro, seront pour moi des êtres véritables : je puis être crédule jusqu'à ce point; mais ne demandez pas que je les craigne.

— Que vous les craigniez! non vraiment : jamais les héros de ma race intrépide n'ont reculé d'un pas quand Thor ou Odin leur ont apparu armés de toutes leurs terreurs. Mais en faisant ici parade de votre bravoure, songez que vous défiez un ennemi tel que vous n'en avez pas encore rencontré.

— Au moins dans ces latitudes septentrionales, dit Cleveland en souriant; car j'ai fait face, dans mes voyages, aux démons de la ligne équinoxiale; et nous autres forbans nous les supposons tout aussi puissans et aussi méchans que ceux du Nord.

— Avez-vous donc vu ces merveilles qui sont au-delà du monde visible? demanda Minna, non sans quelque émotion de terreur.

— Quelque temps avant la mort de mon père, répondit Cleveland en tâchant de prendre un air sérieux, j'obtins, quoique alors bien jeune, le commandement d'un sloop monté de trente hommes résolus s'il en fut jamais. Nous croisâmes long-temps sans succès, ne prenant que de misérables petites barques occupées à la pêche de la tortue, ou dont la cargaison ne valait pas la peine d'être changée de bord. J'eus beaucoup de difficulté à empêcher mes camarades de se venger de notre mauvaise fortune sur l'équipage de ces petits bâtimens; enfin, par un coup de désespoir, nous fîmes une descente, et nous attaquâmes un village où l'on nous avait dit que nous trouverions des mulets chargés d'or appartenant à un gouverneur espagnol. Nous réussîmes à nous emparer de la place; mais tandis que je m'efforçais de sauver les habitans de la fureur de mes gens, les muletiers, les mulets et leur charge précieuse s'échappèrent dans les bois. Cela combla la mesure du mécontentement. Mes compagnons, qui n'avaient jamais été très-soumis, se révoltèrent ouvertement; ils s'assemblèrent en conseil-général, prononcèrent ma destitution, et me condamnèrent, comme ayant trop peu de bonheur et trop d'humanité pour la profession que j'avais embrassée, à être abandonné dans une de ces petites îles boisées et sablonneuses qui ne sont fréquentées que par les tortues et les oiseaux de mer, et qu'on suppose habitées, les unes par les démons qu'adoraient les anciens habitans, les autres par les esprits des caciques que les Espagnols ont fait périr dans les tortures pour les forcer à leur livrer leurs trésors; d'autres enfin par les différens spectres auxquels les marins de toutes les nations ajoutent foi. Le lieu de mon bannissement, nommé Coffin-Key, à environ deux lieues et demie au sud-est des Bermudes, avait tellement la réputation d'être hanté par des êtres surnaturels, que je crois que tous les trésors du Mexique n'auraient pas suffi pour déterminer le plus brave des coquins qui m'y conduisirent à y passer une heure, même en plein jour. Après m'avoir mis à terre, ils s'éloignèrent en ramant de toutes leurs forces, sans oser jeter un regard en arrière, me laissant le soin de pourvoir à ma subsistance comme je le pourrais, sur une petite île sablonneuse et stérile, entourée par le vaste Océan atlantique, et habitée, comme ils le supposaient, par des esprits malfaisans.

— Et qu'en résulta-t-il? demanda Minna avec empressement.

— Je prolongeai mes jours aux dépens des oiseaux de mer, assez sots pour me laisser approcher d'eux pour les tuer à coups de bâton; et ensuite par le moyen d'œufs de tortue, quand ces pauvres habitans des airs connurent mieux les dispositions malfaisantes de l'espèce humaine, et prirent leur vol dès qu'il me voyaient avancer.

— Et les esprits dont vous parliez?

— J'avais mes craintes secrètes à ce sujet. En plein jour, et dans de profondes ténèbres, je ne les craignais guère; mais matin et soir, à travers les vapeurs, je vis des spectres de bien des espèces pendant la première semaine de ma résidence dans cette île. Ils ressemblaient les uns à un Espagnol enveloppé dans sa *capa*, et ayant sur la tête son grand *sombrero*, aussi large qu'un parapluie; les autres, à un matelot hollandais avec son grand bonnet et ses pantalons; quelques-uns, à un cacique indien avec sa couronne de plumes et sa longue lance de canne.

— Vous en êtes-vous approché quelquefois? Leur avez-vous jamais parlé?

— Je m'en suis toujours approché, mais je suis fâché de tromper votre attente, ma belle amie, car en avançant vers le fantôme je l'ai toujours vu se métamorphoser en un buisson, en un tronc d'arbre, en une pointe de rocher, ou en quelque autre production de la nature, qui de loin me faisait illusion. Enfin l'expérience m'apprit à ne plus croire de pareilles visions, et je continuai à vivre solitaire dans l'île de Coffin-Key, sans concevoir plus d'alarmes que si j'eusse été sur le pont d'un bâtiment de haut bord avec une vingtaine de compagnons autour de moi.

— Vous vous amusez à mes dépens, Cleveland, en me faisant un conte qui n'aboutit à rien. Mais combien de temps restâtes-vous dans cette île.

— J'y traînai pendant un mois une misérable existence. Enfin je fus délivré par l'équipage d'un bâtiment qui y avait abordé pour chercher des tortues. Cependant cette retraite ne me fut pas tout-à-fait inutile. Ce fut là, sur ce sol stérile et sablonneux, que je trouvai le *masque de fer* qui a été depuis ce temps ma garantie contre la trahison et la mutinerie de mes gens. Ce fut là que je résolus de paraître n'avoir ni plus de sensibilité ni plus de connaissances, de n'être ni plus humain ni plus scrupuleux que ceux avec qui le destin m'associerait. Je méditai sur tout ce qui m'était arrivé, et je reconnus qu'en me montrant plus brave, plus habile et plus entreprenant que les autres, j'avais acquis leur respect et le droit de les commander, et qu'en paraissant mieux élevé et plus civilisé, je m'étais attiré l'envie et la haine, comme si j'eusse été d'une espèce différente de la leur. Je me promis donc que, puisque je ne pouvais me dépouiller de la supériorité que me donnaient mon intelligence et l'éducation que j'avais reçue, je ferais de mon mieux pour les déguiser, et ne montrer que l'extérieur grossier d'un marin, sans mélange de sentimens et de principes plus policés. Je prévis alors ce qui m'est arrivé depuis, que cette apparence de dureté sauvage me donnerait sur mes gens une autorité dont je pourrais faire usage, tant pour le maintien de la discipline que pour le soulagement des malheureux qui tomberaient entre nos mains. Je vis, en un mot, que pour arriver au commandement il fallait ressembler, au moins à l'extérieur, à ceux qui me seraient soumis. La nouvelle du sort de mon père, quand je l'appris, en m'enflammant du désir de la vengeance, me confirma dans ma résolution. Il avait aussi été victime de la supériorité que son cœur, ses mœurs et ses manières lui donnaient sur ceux qu'il commandait. Ils avaient pris l'habitude de le nommer *le monsieur*, et ils pensaient sans doute qu'il attendait une occasion favorable pour se réconcilier, peut-être à leurs dépens, avec la société, dont les usages et les formes paraissaient convenir à ses habitudes naturelles, ce qui probablement les décida à l'assassiner. La nature et la justice m'appelaient également à le venger. Je fus bientôt à la tête d'un nouveau corps de ces aventuriers, dont le nombre est si grand dans ces îles. Je ne recherchai pas ceux qui m'avaient condamné moi-même à périr dans une île déserte, je ne songeai qu'à rejoindre les meurtriers de mon père. J'y réussis, et ma vengeance fut si terrible, que ce seul trait suffisait pour me donner la réputation de cette inexorable férocité que je désirais qu'on me supposât, et qui peut-être s'introduisait par degrés dans mon cœur. Je parus si changé dans mes manières, dans mes discours et dans ma conduite, que ceux qui m'avaient connu autrefois étaient disposés à en attribuer la cause au commerce que j'avais eu avec les démons de Coffin-Key. Quelques-uns même étaient assez superstitieux pour croire que j'avais fait un pacte avec eux.

— Je tremble d'entendre le reste, s'écria Minna; n'êtes-vous pas devenu le monstre de courage et de cruauté dont vous aviez pris le masque?

— Si j'ai échappé à ce destin, c'est vous, belle Minna, qui avez opéré ce miracle. Il est vrai que j'ai toujours cherché à me distinguer plutôt par les actes de la valeur la plus intrépide que par des projets de vengeance et de pillage; quelquefois je sauvais, par une plaisanterie grossière, une vie qui aurait été sacrifiée; et, par la cruauté excessive des mesures que je proposais, j'engageais quelques-uns de ceux qui servaient sous mes ordres à intercéder en faveur des prisonniers; de sorte que la sévérité apparente de mon caractère a mieux servi l'humanité, que si je m'étais ouvertement dévoué à sa cause.

Il cessa de parler, et Minna ne prononçant pas une parole, ils gardèrent le silence quelques instants. Ce fut Cleveland qui le rompit de nouveau.

— Vous ne me dites rien, miss Troil? je me suis fait tort dans votre opinion par la franchise avec laquelle je vous ai dévoilé mon caractère. Je ne puis pourtant dire que mes penchans naturels ont été contrariés plutôt que changés par les circonstances fâcheuses qui m'ont conduit dans la situation où je me trouve.

— Je ne sais trop, répondit Minna après un moment de réflexion; mais vous seriez-vous montré aussi sincère si vous n'aviez pas su que je pourrais bientôt voir vos camarades, et que leur conversation et leurs manières m'apprendraient ce que vous m'auriez volontiers caché sans cette raison?

— Vous êtes injuste, Minna, cruellement injuste. Dès l'instant que vous avez appris que j'étais un marin de fortune, un aventurier, un boucanier, un Pirate, s'il faut lâcher le mot, ne deviez-vous pas vous attendre à tout ce que je vous ai dit?

— Il n'est que trop vrai; je devais prévoir tout cela, et je ne sais comment je pouvais espérer autre chose. Mais il me semblait qu'une guerre contre les cruels et superstitieux Espagnols avait quelque chose qui justifiait, qui ennoblissait la profession à laquelle vous venez de donner son véritable nom, son nom redoutable. Je pensais que les guerriers indépendans de l'Océan occidental, se levant en quelque sorte pour venger tant de tribus pillées et massacrées, devaient avoir cette grandeur d'ame que montrèrent les enfans du Nord quand, arrivant sur leurs longues galères, ils vengèrent sur tant de côtes les oppressions de Rome dégénérée. Voilà ce que je pensais; c'était un beau rêve, et je regrette de me réveiller pour être détrompée. Je ne vous accuse pourtant pas de l'erreur de mon imagination. Adieu, il faut maintenant que nous nous séparions.

— Dites-moi du moins que vous ne me regardez pas avec horreur parce que je vous ai dit la vérité.

— Il me faut du temps pour réfléchir et pour bien peser tout ce que vous m'avez dit, avant que je puisse bien m'expliquer à moi-même quels sont mes sentimens. Cependant ce que je puis vous dire dès à présent, c'est que celui qui se livre à un infame pillage à force de cruautés et en répandant le sang, et qui est obligé de voiler les remords qu'il éprouve sous l'affectation d'une scélératesse plus profonde, n'est pas, ne peut pas être l'amant que Minna Troil espérait trouver en Cleveland; et si elle l'aime encore, ce ne peut être qu'à cause de son repentir, et non à cause de ses exploits.

En parlant ainsi elle retira sa main qu'il cherchait à retenir dans la sienne, et s'échappa en lui faisant un signe pour lui défendre de la suivre.

— La voilà partie, dit Cleveland en la regardant s'éloigner. Quelque visionnaire et quelque bizarre qu'elle soit, je n'étais pas préparé à cela. Le nom de la profession périlleuse que j'exerce ne l'a pas fait frémir, et cependant elle ne s'attendait pas à tout ce qui en est la suite naturelle. Tout ce que j'avais gagné par ma ressemblance avec un champion norse ou avec un roi de la mer va se perdre en un instant parce qu'une bande de pirates ne ressemble pas à un chœur d'archanges. Je voudrais que Rackam, Hawkins et tous les autres fussent au fond de l'Océan, et que le courant de Pentland les eût conduits aux enfers au lieu de les amener aux Orcades. Quoi que puissent faire tous les démons, je ne quitterai pas la piste de cet ange. J'irai aux Orcades; il faut que j'y aille avant que Magnus y fasse son voyage. Tout borné qu'est son esprit, il pourrait prendre l'alarme en voyant ma rencontre avec mes compagnons. Du reste, grace au ciel, dans ce pays sauvage on ne connaît la nature de notre commerce que par ouï-dire, ou par le canal des Hollandais, et ces bons amis ont grand soin de ne jamais dire de mal de ceux qui peuvent leur faire gagner de l'argent. Eh bien! si la fortune voulait me favoriser près de cette belle enthousiaste, je ne poursuivrais plus sa roue sur le sein des mers; je m'établirais au milieu de ces rochers, et je m'y trouverais aussi heureux que sous des bosquets de palmiers et de bananiers.

L'imagination remplie de ces pensées, que ses lèvres n'exprimaient que par boutades et indistinctement, le pirate Cleveland retourna à Burgh-Westra.

CHAPITRE XXIII.

—

« On s'embrassait, on se donnait la main,
» Et tous les cœurs étaient dans le chagrin,
» Parce qu'après avoir fait bonne chère
» Il ne restait que des adieux à faire.
» J'appelai l'hôte, et demandai combien
» Il lui fallait. Il me répondit : Rien. »

Lilliput, poëme.

Nous ne nous étendrons pas sur tous les divertissemens par lesquels on célébra cette journée, attendu qu'ils n'offriraient rien qui pût intéresser particulièrement nos lecteurs. La table gémit à l'ordinaire sous le poids des mets ; les convives firent honneur au repas avec leur appétit accoutumé ; les hommes burent à longs traits ; les femmes rirent à gorge déployée ; Claude Halcro débita des vers, fit des jeux d'esprit, et donna, suivant son usage, maintes louanges à Dryden; l'Udaller porta des santés et entonna des chansons bachiques qu'il fallait qu'on répétât en chœur; enfin la soirée se termina, selon la coutume, dans le grand magasin qu'il plaisait à Magnus de nommer la salle de bal.

Ce fut là que Cleveland, s'approchant de l'Udaller assis entre ses deux filles, lui annonça son intention de partir pour Kirkwall sur un petit brick que Bryce Snailsfoot, qui avait débité ses marchandises avec une rapidité sans exemple, avait frété pour aller en chercher de nouvelles.

Magnus, accueillant cette résolution soudaine avec surprise, et même avec quelque mécontentement, demanda à Cleveland d'un ton un peu aigre depuis quand il préférait la compagnie de Bryce Snailsfoot à la sienne. Cleveland lui répondit avec le ton de brusquerie franche d'un marin, que le vent et la marée n'attendaient personne, et qu'il avait des raisons particulières pour se rendre à Kirkwall plus tôt que l'Udaller n'avait dessein d'y aller; qu'il espérait le voir ainsi que ses filles à la grande foire, et que peut-être il lui serait possible de les accompagner à leur retour.

Tandis qu'il parlait ainsi, Brenda eut toujours les yeux fixés sur sa sœur, autant qu'elle pouvait le faire sans attirer sur elle l'attention générale. Elle remarqua que les joues de Minna pâlirent encore davantage pendant que Cleveland parlait, et qu'elle semblait serrer les lèvres et froncer légèrement les sourcils, comme si elle eût voulu concentrer en elle-même une forte émotion. Cependant Minna garda le silence, et quand Cleveland, après avoir pris congé de l'Udaller, s'approcha d'elle pour l'embrasser, comme c'était sa coutume, elle reçut ses adieux sans oser se fier assez à elle-même pour essayer de lui répondre.

Le moment approchait où Brenda allait aussi avoir son épreuve à subir. Mordaunt Mertoun, naguère le favori de son père, faisait alors ses adieux à Magnus, qui les reçut de l'air le plus froid, et sans lui accorder un seul regard d'amitié. Il y avait même une sorte de sarcasme dans le ton avec lequel, lui souhaitant un bon voyage, il lui recommanda, si par hasard il rencontrait chemin faisant quelque jolie fille, de ne pas s'imaginer qu'elle en fût amoureuse parce qu'elle aurait ri avec lui un instant. Mordaunt rougit en entendant ce propos, qui lui parut une insulte, quoiqu'il ne le comprît qu'à demi; mais il songea à Brenda, et ne témoigna aucun ressentiment. Il prit ensuite congé des deux sœurs. Minna, dont le cœur s'était considérablement adouci en sa faveur, le reçut avec un certain intérêt, mais celui que Brenda prenait à lui était si évident par la manière dont elle l'accueillit et par les larmes qui lui remplirent les yeux, que l'Udaller lui-même le remarqua, et s'écria avec un peu d'humeur :
— C'est tout naturel, mon enfant, c'est une ancienne connaissance; mais souvenez-vous que la connaissance est finie; telle est ma volonté.

Mordaunt, qui sortait de l'appartement à pas lents, entendit la moitié de cette réprimande, et se trouvant mortifié, il se retourna pour en demander raison. Mais il manqua de résolution quand il vit que Brenda avait été obligée d'avoir recours à son mouchoir pour cacher son émotion; et l'idée que son départ était la cause de cette affliction effaça de son souvenir les paroles désobligeantes que Magnus venait de prononcer. Il se retira; les autres convives suivirent son exemple, et la plupart firent leurs adieux dans la soirée comme Mordaunt et Cleveland, afin de pouvoir se mettre en route le lendemain de bonne heure.

La nuit suivante, chacune des deux sœurs avait ses chagrins, et si l'affliction ne put faire disparaître entièrement la réserve qu'elles avaient eue depuis peu l'une envers l'autre, elle en écarta du moins la froideur. Elles pleurèrent dans les bras l'une de l'autre; et, sans se parler, elles sentirent qu'elles s'aimaient plus que jamais, parce qu'elles savaient que la douleur qui faisait couler leurs larmes avait la même source dans chacune d'elles.

Il est probable, malgré les pleurs que Brenda versait avec plus d'abondance, que le chagrin de Minna était plus profond, car long-temps après que la plus jeune des deux sœurs se fut endormie à force de pleurer, comme le fait un enfant, la tête appuyé sur le sein de Minna, celle-ci veillait encore; et les larmes qui s'amassaient lentement dans ses yeux coulaient le long de ses joues quand elles devenaient trop pesantes pour pouvoir être retenues par les longs cils de ses paupières. Tandis qu'elle se livrait ainsi à ses pensées douloureuses, elle fut surprise d'entendre sous la fenêtre des sons harmonieux. Elle supposa d'abord que c'était un caprice de Claude Halcro, dont l'humeur fantasque se permettait quelquefois de pareilles sérénades; mais l'instrument dont elle entendait les sons n'était pas le gûe du vieux ménestrel; c'était une guitare, et personne n'en jouait dans l'île que Cleveland, qui, ayant vécu souvent avec les Espagnols de l'Amérique méridionale, savait en pincer avec un vrai talent. Peut-être était-ce aussi dans le même climat qu'il avait appris la chanson qu'il chantait alors sous la croisée d'une jeune fille de Thulé, car elle ne pouvait avoir été composée pour une habitante d'un climat si rigoureux, puisqu'elle parlait de productions naturelles inconnues aux Orcades.

Tandis que la beauté sommeille,
L'amour qui veille
Verse des pleurs.
Sur sa couche semant des fleurs,
Puisse un doux songe,
Heureux mensonge,
De son sein bannir les douleurs !

Sous les palmiers de ce bocage,
Quel doux ombrage !
Les vers luisans
Éclairent les pas des amans :
Et sur ses ailes,
Roses nouvelles,
Zéphir porte vos dons charmans.

Écoute un amant qui t'adore :
Dormir encore
C'est cruauté.
Couronne sa fidelité.
Le plus doux songe
N'est qu'un mensonge
Auprès de la réalité.

La voix de Cleveland était belle, sonore, et avait beaucoup d'étendue; elle convenait admirablement à l'air espagnol qu'il chantait, et dont les paroles avaient probablement été traduites de cette langue. Son invocation n'aurait certainement pas été infructueuse, si Minna avait pu se lever sans éveiller sa sœur. Mais cela était impossible; car Brenda, qui, comme nous l'avons déjà dit, avait versé des larmes amères avant de céder au sommeil, tenait un bras passé autour d'elle, dans l'attitude d'un enfant qui vient de s'endormir en pleurant sur le sein de sa nourrice. Minna ne pouvait donc se dégager sans éveiller sa sœur, et il fallut qu'elle renonçât au projet qu'elle formait de passer une robe à la hâte, et d'ouvrir la fenêtre pour parler à Cleveland, amené sans doute par le désir d'avoir une dernière entrevue avec elle. La contrainte où elle se trouvait était assez contrariante, puisqu'elle l'empêchait de recevoir les adieux de son amant. Mais en rendre témoin Brenda, Brenda qui semblait depuis peu avoir conçu des sentimens défavorables pour Cleveland, c'était à quoi elle ne pouvait se résoudre.

Quelques instans se passèrent ainsi. Minna, aussi doucement qu'il était possible, réitéra plusieurs tentatives pour se débarrasser du bras de sa sœur, mais à chaque fois Brenda faisait entendre un son grondeur, comme un enfant qu'on trouble dans son sommeil, ce qui lui fit croire que si elle persistait à vouloir se lever, elle l'éveillerait infailliblement.

Minna fut donc obligée, à son grand regret, de rester immobile et silencieuse. Cependant son amant, comme s'il eût voulu essayer de l'attendrir par une musique d'un autre genre, se mit à chanter les couplets ci-après :

> Adieu ! la voix que vous venez d'entendre,
> Pour la dernière fois soupire un chant d'amour.
> Le cri de guerre aura bientôt son tour,
> Le signal du combat d'un seul mot va dépendre.
>
> Au lieu des vœux d'un amour trop timide,
> Qu'à peine, hélas ! ma bouche osait vous exprimer,
> Je ne dois plus songer qu'à rallumer
> La torche des combats, désormais mon seul guide.

> L'œil que sur vous j'osais lever à peine,
> Sans se troubler verra tomber plus d'un guerrier ;
> Et j'armerai du glaive meurtrier
> Cette main qu'à la vôtre un doux serment enchaîne.
>
> Adieu, bonheur! adieu, vaine espérance!
> Il ne me reste rien à craindre, à désirer.
> Adieu, doux nœuds, que j'ai cru voir serrer ;
> Je perds tout, excepté souvenir et constance.

Il se tut, et celle à qui il adressait ses chants essaya encore de se lever sans éveiller sa sœur, mais toujours inutilement. La chose lui paraissait impossible. Il ne lui restait donc qu'à songer douloureusement que Cleveland se retirait désolé de n'avoir pu obtenir d'elle un mot, pas même un regard, lui dont le caractère était si impétueux, et qui pourtant en enchaînait la violence avec tant d'attention pour tout ce qu'elle pouvait désirer! Si elle avait pu dérober un instant seulement pour lui dire adieu; pour lui recommander de ne pas avoir de nouvelles querelles avec Mordaunt; pour le conjurer d'abandonner des camarades tels que ceux dont il lui avait tracé le portrait! Peut-être de telles prières, de tels avis, à l'instant de son départ, auraient pu produire quelque impression sur lui, et avoir même une influence sur le reste de sa vie.

Tourmentée par de telles pensées, Minna allait risquer un dernier effort, quand elle entendit sous la croisée des voix qu'elle crut reconnaître pour celles de Cleveland et de Mordaunt. On parlait avec vivacité, mais comme si l'on eût craint d'être entendu. Son alarme ajouta au désir qu'elle avait déjà de se lever, et, ne ménageant plus rien, elle fit ce qu'elle avait tant de fois inutilement tenté, et écarta le bras de sa sœur, sans troubler son sommeil. Brenda prononça quelques mots sans suite, ou plutôt fit entendre une espèce de murmure inintelligible, mais elle ne s'éveilla pas.

Cependant Minna se couvrait à la hâte d'une robe, dans l'intention d'ouvrir ensuite la fenêtre, quand elle entendit la conversation devenir une querelle : des paroles on en vint aux coups, et le tout se termina par un profond gémissement.

Effrayée par ce dernier symptôme qui annonçait quelque malheur, Minna courut à la fenêtre et s'efforça de l'ouvrir, car les personnes qu'elle désirait voir étaient si près de la muraille, qu'elle ne pouvait les apercevoir qu'en passant la tête par la croisée. Or le ressort (1) était rouillé, et l'empressement avec lequel elle voulait l'ouvrir rendait, comme c'est l'ordinaire, cette opération encore plus difficile. Enfin quand elle eut réussi, et qu'elle eut passé la moitié du corps hors de la croisée, ceux qui lui avaient causé tant d'alarmes étaient devenus invisibles. Cependant le clair de lune lui fit voir une ombre, et le corps qui la projetait sans doute devait en ce moment tourner le coin d'un mur. Cette ombre, qui s'avançait lentement, paraissait celle d'un homme qui en portait un autre sur ses épaules, circonstance qui mit le comble aux angoisses de Minna ; elle n'hésita pas à descendre par la croisée, heureusement fort basse,

---

(1) Les croisées, dans le Shetland, ainsi qu'en Angleterre, s'ouvrent de haut en bas, comme celles qu'on voit encore en France dans les maisons construites sous le règne de Louis XIII. Pour empêcher qu'on ne puisse les soulever du dehors, la partie inférieure est assujettie par un ressort, ou pour mieux dire, par une espèce de verrou tournant sur un pivot, et qui se ferme dans l'intérieur. — Tr.

pour se mettre à la poursuite de ceux qui lui causaient tant de terreur.

Mais quand elle arriva au coin du bâtiment d'où l'ombre avait semblé se projeter, elle ne découvrit rien qui pût lui indiquer le chemin qu'avait pris celui qu'elle cherchait. Indépendamment des angles multipliés de cette antique maison, indépendamment des celliers, des écuries, des étables, des serres et des bâtimens de toute espèce qui, épars çà et là sans plan et sans ordre, opposaient des obstacles presque insurmontables à ses recherches, le jardin était bordé jusqu'à la baie par une chaîne de petits rochers, continuation des rocs plus élevés de la côte. Plusieurs de ces rochers étaient séparés par de petits défilés; il s'y trouvait un grand nombre de cavernes et d'ouvertures, et le corps auquel l'ombre appartenait avait pu s'y réfugier avec son fardeau funeste, car tout portait la fille de Magnus à croire qu'elle pouvait lui donner cette épithète.

Un moment de réflexion convainquit Minna qu'elle ferait une folie en continuant sa poursuite. Sa seconde pensée fut de donner l'alarme dans la maison; mais quel récit allait-elle être obligée de faire, et qui fallait-il qu'elle accusât? Cependant il était peut-être encore possible de secourir le blessé, si toutefois il n'était que blessé, et s'il ne l'était pas mortellement. Cette réflexion la décida, et elle allait élever la voix quand elle entendit celle de Claude Halcro qui paraissait revenir de la baie, et qui chantait le fragment suivant d'une vieille ballade norse qu'on peut traduire ainsi qu'il suit :

<blockquote>
A ceux qui viendront au festin,
Quand je serai dans mon drap mortuaire,
Vous aurez soin, ma bonne mère,
D'offrir du pain blanc et du vin.
</blockquote>

> Vous prendrez soin de mes chevaux,
> De mes faucons, de mes chiens, de ma terre,
> Sans oublier, ma bonne mère,
> D'entretenir mes neuf châteaux.
>
> Pourquoi vouloir venger ma mort?
> Mon ame au ciel va s'élever, j'espère;
> Rendez mon corps, ma bonne mère,
> A la poussière dont il sort.

Le rapport singulier qu'avaient ces vers avec la situation dans laquelle Minna se trouvait, lui parut un avis du ciel. Nous parlons ici d'un pays superstitieux, où l'on avait foi aux présages, et à peine pouvons-nous espérer d'être entendus par ceux dont l'imagination bornée ne peut concevoir combien ces causes ont d'influence sur l'esprit humain, à une certaine époque de l'état de société. Un vers de Virgile, sur lequel on tombait par hasard, était considéré à la cour d'Angleterre, dans le dix-septième siècle, comme une prophétie des événemens futurs (1). Est-il donc étonnant qu'une jeune fille, née dans les iles Shetland séparées du reste de l'univers, ait regardé comme une injonction du ciel des vers dont l'analogie était si frappante avec ce qui venait d'arriver.

— Je garderai le silence, dit-elle à demi-voix; je fermerai mes lèvres; et elle répéta ces vers :

> Mon ame au ciel va s'élever, j'espère;
> Rendez mon corps, ma bonne mère,
> A la poussière dont il sort.

— Qui est-ce qui parle? s'écria Claude Halcro d'un ton qui annonçait quelque alarme; car dans ses voyages

---

(1) C'était ce qu'on appelait *Sortes virgilianæ*. — Éd.

dans les pays étrangers il n'avait nullement réussi à se débarrasser des superstitions de son pays natal.

Dans l'état où la crainte et l'horreur l'avaient réduite, Minna fut d'abord hors d'état de lui répondre, et les yeux d'Halcro rencontrant la figure d'une femme vêtue en blanc, qu'il ne voyait qu'imparfaitement, attendu que l'ombre de la maison la couvrait, et qu'il régnait un brouillard fort sombre, il employa, pour la conjurer, d'anciens vers norses offrant une combinaison de sons qui semblaient appartenir à des habitans d'un autre monde, et qu'on ne peut espérer de retrouver dans la traduction suivante :

>Par saint Magnus, martyr par trahison,
>Par saint Ronan, avec rime et raison,
>Par saint Martin et par sainte Marie,
>Éloigne-toi, ma voix te congédie.
>　Es-tu quelque esprit bénin ?
>　Va, que le ciel te bénisse!
>　Es-tu quelque esprit malin ?
>　Pars, que l'enfer te maudisse!
>Habites-tu les airs? rentre dans ce brouillard.
>Fixes-tu ton séjour au centre de la terre?
>Regagne ta caverne avant qu'il soit trop tard.
>Habites-tu les flots? va boire l'onde amère.
>Habites-tu le feu? cherche quelque autre endroit:
>Que peux-tu venir faire en un climat si froid ?
>　Es-tu la dépouille mortelle
>　De quelque habitant des tombeaux ?
>　Au ver jaloux va donc rendre tes os ?
>Fuis vite loin d'ici; ton cercueil te rappelle
>Jusqu'à ce que du ciel le dernier jugement
>Prononce ton triomphe ou bien ton châtiment.
>Pars, au nom de la croix! retire-toi, recule,
>Disparais! J'ai fini ma magique formule.

— C'est moi, Halcro, répondit Minna d'un ton si bas, d'une voix si faible, que le poète aurait pu croire que c'était le fantôme qu'il venait de conjurer qui lui répondait.

— Vous! s'écria Halcro dont l'alarme se changea en surprise; vous ici! par ce clair de lune, et quand elle est près de se coucher! C'est pourtant bien vous! Qui se serait attendu, ma charmante Nuit, à vous trouver ainsi errante dans votre ténébreux royaume? Mais je suppose que vous les avez vus aussi bien que moi? On peut dire que vous ne manquez pas de courage, puisque vous les avez suivis.

— Vu qui? suivi qui? demanda Minna espérant obtenir quelque éclaircissement sur ce qui lui causait tant d'inquiétude et de crainte.

— Les cierges funéraires qui dansaient dans la baie, répondit Halcro; et je vous garantis qu'ils ne vous présagent rien de bon. Vous savez ce que disent les vieux vers :

> Quand le cierge funéraire
> Danse le jour ou la nuit,
> Soyez bien sûr qu'il s'ensuit
> Un corps pour le cimetière.

J'ai été jusqu'à la baie pour les voir, mais ils avaient disparu. Je crois pourtant que j'ai vu une barque prendre le large, quelque pêcheur qui allait en pleine mer sans doute. Je voudrais que nous eussions de bonnes nouvelles de ceux qui sont partis. Norna, qui nous a quittés si brusquement, et puis ces cierges funéraires... Au surplus, que Dieu veille sur nous! Je suis un vieillard, et je ne puis que faire des vœux pour qu'il n'arrive pas de malheur. Mais comment, ma charmante Minna, des larmes dans vos yeux! Et à présent que la lune vous éclaire, par saint Magnus! je vois que vous avez les pieds nus! Est-ce qu'il n'y a pas dans nos îles de bas d'une laine assez fine et assez douce pour ces jolis pieds qui paraissent si blancs au clair de lune? Eh bien! vous gardez le silence! mes balivernes vous fâchent peut-être? Fi donc, jeune fille, ajouta-t-il d'un ton sérieux, songez que je suis assez vieux pour être votre père, et que je vous ai toujours aimée comme si vous étiez mon enfant.

— Je ne suis pas fâchée, répondit Minna en faisant un effort pour parler. Mais n'avez-vous rien entendu? N'avez-vous rien vu? ils doivent avoir passé près de vous.

— *Ils!* répéta Halcro; qu'entendez-vous par *ils?* Voulez-vous dire les cierges funéraires? Non, ils n'ont point passé près de moi; mais je crois qu'ils ont passé près de vous, et qu'ils exercent sur vous leur funeste influence, car vous êtes pâle comme un spectre. Allons, allons, Minna, ajouta-t-il en ouvrant une porte du côté de la maison, ces promenades au clair de lune sont plus convenables à un vieux poète qu'à une jeune fille vêtue à la légère comme vous voilà! Mon enfant, il faut prendre garde de vous exposer à la fraîcheur de la nuit dans nos îles, car elle porte sur ses ailes plus de neige et de pluie que de parfums. Allons, jeune fille, rentrez; car, comme le dit le glorieux John Dryden, ou comme il ne le dit pas, ne pouvant me rappeler ses vers, mais comme je le dis moi-même dans un très-joli poëme composé quand ma muse était encore adolescente :

> Fille ne doit ouvrir les yeux
> Et quitter le lit qui la couvre
> Que quand Phœbus, du haut des cieux,
> A baisé la fleur qui s'entr'ouvre ;

Et l'on ne doit sur le gazon
Voir sa jambe fine et jolie,
Que quand du soleil un rayon
En a rendu l'herbe fleurie.

Mais chut, que vient-il ensuite? — Voyons.

Quand le démon de la poésie s'emparait de Claude Halcro, il oubliait le temps et les lieux, et malgré le froid il aurait tenu sa compagne en plein air pendant une demi-heure, en lui donnant des raisons poétiques pour lui prouver qu'elle aurait dû être dans son lit. Mais elle l'interrompit pour lui faire une question qu'elle prononça avec vivacité, quoique d'une voix à peine articulée, appuyant en même temps sa main tremblante sur le bras du poète, avec un mouvement convulsif comme de peur de tomber.

— Avez-vous vu quelqu'un dans la barque qui vient de prendre le large?

— Quelle demande! comment aurais-je pu voir quelqu'un, quand la lumière et la distance me permettaient seulement de distinguer que c'était une barque et non une baleine?

— Mais il devait y avoir quelqu'un dans cette barque? ajouta Minna, sachant à peine ce qu'elle disait.

— Cela me paraît certain, car il est rare qu'une barque marche contre le vent de son plein gré. Allons, tout cela n'est que folie; ainsi, comme dit la Reine dans une ancienne pièce que l'ingénieux William Davenant (1) a remise au théâtre : — Au lit! au lit! au lit!

Ils se séparèrent, et Minna, le cœur déchiré d'in-

---

(1) Auteur d'un poëme épique, et restaurateur du théâtre après la proscription des muses par les puritains révolutionnaires. — Éd.

quiétude, se traîna avec difficulté, après avoir traversé divers corridors, jusque dans sa chambre, où elle se coucha avec précaution à côté de sa sœur qui dormait encore.

Qu'elle eût entendu Cleveland, elle en était certaine; les paroles qu'il avait chantées ne lui laissaient aucun doute à ce sujet. Si elle n'était pas également sûre d'avoir reconnu la voix du jeune Mertoun se querellant vivement avec son amant, l'impression qu'elle avait reçue à cet égard approchait bien de la certitude. Le gémissement effrayant par lequel la lutte semblait s'être terminée, l'ombre qui avait paru lui indiquer que le vainqueur se retirait chargé du corps de sa victime, tout tendait à prouver qu'un événement fatal avait mis fin au combat. Et lequel de ces malheureux avait succombé? lequel avait reçu une mort prématurée? lequel avait remporté une fatale et sanglante victoire? Cependant, au milieu de toutes ses incertitudes, d'après le caractère, les mœurs et les habitudes de Cleveland, il lui semblait, quoiqu'elle osât à peine se l'avouer, que c'était lui qui était sorti victorieux de cette querelle. Cette réflexion fut pour elle un motif de consolation involontaire, ce qu'elle se reprocha bien amèrement quand elle songea que le crime que Cleveland venait de commettre détruisait à jamais tout espoir de bonheur pour Brenda.

— Sœur innocente! sœur malheureuse! pensa-t-elle; tu vaux cent fois mieux que moi, car tes vertus ne t'inspirent ni présomption ni orgueil. Comment est-il possible que j'aie cessé un instant de sentir la douleur d'une blessure qui ne doit se fermer dans mon cœur que pour s'ouvrir dans le tien!

Tandis que ces pensées cruelles agitaient son esprit, elle ne put s'empêcher de serrer tendrement sa sœur contre son sein, et Brenda s'éveilla en poussant un profond soupir.

— Est-ce vous, ma sœur? s'écria-t-elle. Je rêvais que j'étais sur un de ces monumens dont Claude Halcro nous a fait la description, et sur lesquels est sculptée l'effigie de celui qu'ils couvrent. Il me semblait qu'une de ces statues de marbre était couchée près de moi, et que s'animant tout à coup elle me serrait contre son sein glacé. Et c'est le vôtre, Minna! D'où vient ce froid extraordinaire? Vous êtes certainement malade, ma chère sœur; laissez-moi me lever et appeler Euphane Fea. Qu'avez-vous donc? Norna est-elle encore venue ici?

— N'appelez personne, lui répondit Minna en la retenant. Mes souffrances sont de nature à ne pouvoir être soulagées par qui que ce soit. Je suis poursuivie par la crainte de quelque malheur plus grand que tous ceux que Norna elle-même pourrait vous prédire. Mais Dieu est tout-puissant, ma chère Brenda; adressons-nous à lui; prions-le de changer en biens tous nos maux, car lui seul en a le pouvoir.

Elles répétèrent ensemble une prière pour demander au ciel sa protection et la force qui leur était nécessaire, et cherchèrent ensuite à s'endormir quand elles l'eurent finie; — que Dieu soit avec vous! se dirent-elles, consacrant ainsi au ciel leurs dernières paroles, si la fragilité humaine ne leur permettait pas de commander à leurs dernières pensées. Brenda s'endormit la première, et Minna, étouffant enfin à demi ses noirs pressentimens, fut assez heureuse pour en faire autant.

La tempête que craignait Halcro commença au point du jour : c'était une bourrasque accompagnée de pluie et de vent, telle qu'on en éprouve souvent sous cette latitude, même pendant la plus belle saison de l'année. Le sifflement des vents, et le bruit de la pluie tombant avec force sur le toit des pêcheurs, éveillèrent leurs pauvres femmes, qui, appelant leurs enfans, leur dirent de lever vers le ciel leurs mains innocentes, et tous adressèrent au ciel de ferventes prières pour le supplier de protéger leurs époux, leurs pères, alors à la merci des élémens en courroux. A Burgh-Westra, le vent retentissait dans toutes les cheminées et ébranlait toutes les croisées; les solives, dont la plupart avaient été faites avec des débris de bâtimens naufragés, semblaient gémir comme si elles eussent craint d'être encore une fois dispersées par la tempête. Cependant les deux filles de Magnus continuèrent à dormir aussi tranquillement que si la main de Chantry (1) les eût formées de marbre de Carrare. L'ouragan s'apaisa enfin, et les rayons du soleil, dissipant les nuages que le vent chassait vers la pleine mer, brillaient à travers la croisée, quand Minna s'éveilla la première du sommeil profond que l'épuisement de ses forces lui avait procuré. S'appuyant sur un bras, elle commença à se rappeler les événemens qui, après le repos qu'elle venait de goûter, lui paraissaient ressembler aux visions mensongères de la nuit. Elle doutait même si les horreurs qui avaient précédé l'instant où elle s'était levée n'étaient pas l'illusion d'un songe occasioné peut-être par quelque bruit extérieur.

(1) Allusion au monument de la cathédrale de Lichtfield, par ce sculpteur. — Éd.

— Il faut que je voie Claude Halcro à l'instant, se dit-elle ; puisqu'il était levé alors, il doit avoir entendu de ce quelque chose que j'ai cru entendre.

Elle sauta hors du lit ; mais à peine était-elle debout dans la chambre, que sa sœur s'éveillant, s'écria : — Juste ciel, Minna, que vous est-il arrivé? Regardez donc vos pieds!

Minna y porta les yeux, et vit avec une surprise qui se changea un instant en consternation, que ses deux pieds étaient couverts de taches ressemblant à des traces non récentes de sang.

Sans songer à répondre à Brenda, elle courut à la fenêtre et jeta un coup d'œil de désespoir sur le gazon qui croissait au bas. Mais les torrens de pluie qu'y avaient jetés les nuages et surtout le toit de la maison, avaient fait disparaître toutes les traces du crime, s'il en avait jamais existé. La verdure brillait de fraîcheur, et chaque brin d'herbe, chargé d'une goutte de rosée, semblait un diamant exposé aux rayons du matin.

Tandis que Minna, d'un air égaré, fixait sur ce spectacle ses yeux effarés, Brenda était arrivée près d'elle, et la pressait vivement de lui dire où, quand et comment elle s'était blessée.

— Un morceau de verre a coupé mon soulier, répondit Minna cherchant quelque excuse pour satisfaire sa sœur; à peine m'en suis-je aperçue dans le moment.

— Et cependant, voyez comme vous avez saigné, répliqua sa sœur. Ma chère Minna, ajouta-t-elle en s'approchant avec une serviette mouillée, permettez-moi d'essuyer le sang; la blessure peut être plus considérable que vous ne pensez.

Elle s'apprêtait à joindre l'action aux paroles ; mais

Minna, ne trouvant aucun autre moyen pour l'empêcher de découvrir que ce sang n'avait jamais coulé dans ses veines, la repoussa d'un air d'impatience et de mécontentement. La pauvre Brenda, ne sachant en quoi elle pouvait avoir offensé sa sœur, recula quelques pas en voyant ses offres de service si durement rejetées, et regarda Minna d'un air qui annonçait plus de surprise et de regret que de dépit, mais laissant percer aussi un déplaisir assez naturel en cette circonstance :

— Ma sœur, dit-elle, je croyais que nous étions convenues hier soir, que, quoi qu'il pût nous arriver, nous nous aimerions toujours...

— Il peut arriver bien des choses entre le soir et le matin, répondit Minna : et ces paroles lui étaient arrachées par sa situation, plutôt qu'elles n'étaient les véritables interprètes de ses pensées.

— Oui, sans doute, répliqua Brenda, il peut être arrivé bien des choses dans une nuit si orageuse. Voyez, le vent a renversé le mur qui entourait le potager d'Euphane. Mais ni le vent, ni la pluie, ni rien au monde ne peut refroidir notre affection, Minna.

— Mais il peut survenir, dit Minna, des événemens qui la changent en...

Le reste de cette phrase fut murmuré d'un ton si bas et si peu distinct, qu'il fut impossible de l'entendre ; et pendant ce temps elle essuyait les taches de sang qui couvraient ses pieds et son talon gauche. Brenda, toujours debout et la regardant à quelque distance, chercha en vain à prendre un ton qui pût rétablir en elle la confiance et l'amitié.

— Vous aviez raison, Minna, lui dit-elle, de ne pas

vouloir que je vous aidasse à panser une si légère égratignure; de l'endroit où je suis, à peine est-elle visible.

— Les blessures les plus cruelles, répondit Minna, sont celles qui ne paraissent pas à l'extérieur. Êtes-vous bien sûre que vous la voyez?

— Sans doute, dit Brenda, croyant que cette réponse satisferait sa sœur, je vois une petite égratignure. Ah! à présent que vous tirez votre bas, je ne puis plus rien voir.

— Le fait est que vous ne voyez rien, répliqua Minna d'un air égaré; mais patience, avec le temps tout se verra, tout se saura, oui, tout.

En parlant ainsi, elle finissait de s'habiller à la hâte, et elle descendit ensuite, suivie de sa sœur, dans l'appartement où la société était déjà réunie pour déjeuner. Elle prit à table sa place ordinaire, mais elle avait le visage si pâle et l'air si hagard, ses discours étaient si incohérens, et ses manières si étranges, qu'elle fixa l'attention sur elle, et causa de vives inquiétudes à son père. Chacun fit ses conjectures sur l'état où on la voyait, résultat de quelque cause morale plutôt que d'une souffrance physique. Les uns pensèrent qu'un mauvais œil s'était arrêté sur elle (1); les autres en accusèrent tout bas Norna de Fitful-Head; quelques-uns songèrent au départ du capitaine Cleveland, et dirent à demi-voix qu'il était honteux qu'une jeune fille se montrât si éprise d'un vagabond que personne ne connaissait. Cette épithète méprisante fut particulièrement appliquée au capitaine par Baby Yellowley, tan-

---

(1) Superstition qu'on retrouve dans presque tous les temps et tous les pays, témoin le *Nescio quis teneros oculus mihi fascinat agnos* de Virgile. — Éd.

dis qu'elle couvrait ses épaules saillantes du beau schall dont il lui avait fait présent. La vieille lady Glowrowrum était partie d'une autre supposition, et elle en fit part à mistress Yellowley, après avoir rendu grace à Dieu de n'être parente de la famille de Burgh-Westra que par la mère des deux jeunes filles, qui était une brave Écossaise comme elle-même.

— Quant à ces Troils, dame Yellowley, ils ont beau lever la tête, on sait qu'il y a une guêpe sous leur bonnet. Cette Norna, ainsi qu'ils l'appellent, car ce n'est pas son véritable nom, il s'en faut quelquefois de beaucoup qu'elle soit dans son bon sens; et ceux qui en connaissent la cause disent que, de manière ou d'autre, le fowde n'y est pas étranger, car jamais il ne veut en entendre mal parler. Mais j'étais alors en Écosse, sans quoi je saurais tout. Quoi qu'il en soit, il est certain qu'il y a un grain de folie dans leur sang. Vous savez que les fous ne peuvent souffrir qu'on les contredise; eh bien! dans toutes les îles Shetland, il n'y a personne qui supporte une contradiction plus difficilement que le fowde. Mais jamais il ne sera dit que j'aie mal parlé d'une famille à laquelle je suis alliée de si près. Seulement, dame Yellowley, faites attention que c'est par les Saint-Clairs que nous sommes parens, et non par les Troils; et que les Saint-Clairs sont connus en tout pays pour une famille remarquable par son bon sens. Mais je vois qu'on verse le coup de l'étrier.

— Je ne sais, dit Baby à son frère dès que lady Glowrowrum eut le dos tourné, pourquoi cette vieille femme ne m'appelle que dame, dame, et toujours dame. Elle devrait savoir que le sang des Clinkscales vaut bien celui des Glowrowrums.

Cependant tous les hôtes de Magnus partaient successivement, sans qu'il y fît grande attention; car il était tellement préoccupé de l'état dans lequel il voyait Minna, que, contre son usage constant, à peine songea-t-il à les saluer. Ce fut ainsi que se termina cette année, au milieu de l'inquiétude et du chagrin, la célébration de la fête de Saint-Jean-Baptiste à Burgh-Westra; nouvelle preuve de la vérité de ce que disait l'empereur d'Éthiopie : — Que l'homme ne peut raisonnablement compter sur les jours qu'il destine au bonheur.

CHAPITRE XXIV.

> « Au mal qui semble ainsi la tourmenter
> » Ne cherchez pas de cause naturelle ;
> » C'est dans son cœur, on n'en saurait douter,
> » Que gît le mal de cette damoiselle :
> » Quelque sorcière ou quelque esprit malin
> » Aura jeté ce trouble dans son sein.
>
> SPENCER. *La Reine des Fées*, liv. III, chant 5.

Il y avait déjà plusieurs jours que le terme auquel Mordaunt avait promis de revenir chez son père était passé. Ce retard, en tout autre temps, n'aurait causé que peu de surprise et donné aucune inquiétude; car la vieille Swertha, qui se chargeait de penser et de tirer des conjectures pour tous les autres habitans de la maison, aurait conclu qu'il était resté à Burgh-Westra plus long-temps que les autres hôtes pour quelque partie de plaisir. Mais elle savait que depuis un certain temps Mordaunt avait perdu les bonnes graces de Magnus Troil, et que d'ailleurs il avait dessein de ne faire qu'un séjour très-court chez l'Udaller, attendu le mauvais état de la santé de son père, pour qui il ne se relâchait jamais dans ses soins, malgré le peu d'encouragement que recevait de lui sa piété filiale. Cette double circonstance fit naître des inquiétudes dans l'esprit de Swertha. Elle épiait les regards de son maître; mais Mertoun, enveloppé dans une sombre indifférence, offrait à l'observation des traits impénétrables, qu'on aurait pu comparer à la surface d'un lac dans une nuit sans étoiles. Ses études, ses repas solitaires, ses promenades dans des lieux déserts et écartés, se succédaient invariablement, et l'absence de Mordaunt ne semblait pas occuper une seule de ses pensées.

Enfin tant de bruits, partant de différens côtés, arrivèrent aux oreilles de Swertha, qu'il lui devint absolument impossible de cacher l'agitation qui la tourmentait, et, au risque d'essuyer toute la fureur de son maître, et peut-être même de perdre la place qu'elle occupait dans sa maison, elle résolut de le forcer à donner quelque attention à ses inquiétudes. Il fallait que la bonne humeur et la bonne mine de Mordaunt eussent fait une bien forte impression sur le cœur flétri et égoïste de cette pauvre vieille pour la déterminer à hasarder une entreprise si hardie, et dont son ami le Rauzellaer essaya en vain de la détourner. Cependant, sachant que si elle ne réussissait pas ce serait pour elle non-seulement une honte, mais une perte incalculable, elle se promit d'apporter dans cette grande affaire autant de prudence et de circonspection que les circonstances pouvaient en exiger.

Nous avons déjà dit qu'un des traits caractéristiques

de cet homme insociable et bizarre, **au moins depuis sa retraite dans la solitude d'Iarlshof**, était de ne permettre à personne d'entamer avec lui aucun sujet de conversation, ou de lui faire aucune question sans une nécessité urgente et absolue. Swertha sentit que, pour préparer les voies à l'entretien qu'elle voulait avoir avec son maître, il fallait qu'elle l'obligeât à l'ouvrir lui-même.

Pour accomplir ce dessein, en mettant la table pour le dîner simple et solitaire de M. Mertoun, elle y plaça deux couverts, et fit tous ses petits préparatifs d'usage comme si un autre convive eût été attendu.

Ce stratagème réussit, car Mertoun, en sortant de son cabinet, ne vit pas plus tôt le second couvert sur la table, qu'il demanda à Swertha si Mordaunt était revenu de Burgh-Westra.

Cette question était précisément ce que désirait Swertha, qui attendait l'effet de sa ruse comme le pêcheur attend celui de l'appât dont il a amorcé son hameçon, et elle lui répondit d'un ton d'inquiétude et de tristesse moitié affectée, moitié réelle : — Non ! non ! rien de pareil n'a passé par la porte. Ce serait une trop bonne nouvelle que celle qui nous apprendrait que M. Mordaunt est revenu sain et sauf, le pauvre jeune homme !

— Et pourquoi lui avoir mis un couvert, puisqu'il n'est pas de retour, vieille folle ? s'écria son maître d'un ton qui était bien fait pour arrêter la vieille dans ses plans. Mais elle lui répliqua hardiment qu'il fallait bien que quelqu'un songeât à M. Mordaunt ; que tout ce qu'elle pouvait faire était de tenir une chaise et une assiette prêtes pour lui quand il arriverait ; mais qu'elle croyait que le pauvre jeune homme était déjà bien loin ;

et que si elle devait dire tout ce qu'elle pensait, elle avait des craintes qu'il ne revînt jamais.

— Des craintes! s'écria Mertoun, ses yeux s'enflammant comme dans des instans où il se laissait emporter par un accès irrésistible de colère. Est-ce à moi que vous parlez de vos sottes craintes, à moi qui sais que tout ce qui n'est pas folie, sottise, égoïsme et vanité dans votre sexe, n'est qu'un composé de vapeurs, de craintes puériles et de frivoles inquiétudes! Et que m'importent vos craintes, vieille folle?

Ce qu'on ne saurait trop admirer dans les femmes, c'est que, lorsqu'elles voient violer les lois de l'affection naturelle, tout le sexe est sous les armes. Que le bruit se répande dans une rue qu'un père a maltraité son enfant, ou qu'un enfant a insulté son père, et toutes les femmes qui l'entendront prendront fait et cause pour la partie souffrante. Je ne dis rien des voies de fait entre époux, car en ce cas la compassion peut avoir pour base l'intérêt personnel. Swertha, quoique avare et intéressée, n'était pas étrangère à ce sentiment généreux qui fait tant d'honneur à son sexe, et en cette occasion elle fut tellement entraînée par son impulsion, qu'elle osa faire face à son maître, et lui reprocher son indifférence et sa dureté de cœur avec une hardiesse dont elle fut elle-même étonnée.

— Bien certainement, dit-elle, ce n'est pas moi qui devrais concevoir des craintes pour mon jeune maître, M. Mordaunt, quoiqu'il soit bien vrai qu'il est le bijou de mon cœur; mais tout autre père que Votre Honneur aurait fait faire des recherches après le pauvre garçon, puisque voilà huit jours qu'il est parti de Burgh-Westra, et que personne ne peut dire ce qu'il est devenu. Il n'y a pas un enfant dans le village qui ne crie après lui, car c'était lui qui, avec son couteau, leur faisait leurs petits bateaux ; et s'il lui arrivait malheur, il ne resterait pas deux yeux secs dans toute la paroisse, à moins que ce ne soient ceux de Votre Honneur.

Mertoun avait été frappé de l'insolente volubilité de sa femme de charge qui se mettait en insurrection contre lui, et sa surprise l'avait même réduit au silence. Mais à ce dernier sarcasme, il lui ordonna de se taire d'un ton courroucé, et accompagna cet ordre d'un des regards les plus terribles que ses yeux noirs et ses traits sévères eussent jamais lancés. Mais Swertha qui, comme elle le dit ensuite au Rauzellaer, se sentait soutenue pendant toute cette scène par une force surnaturelle, ne se laissant pas intimider par la voix irritée et le regard furieux de son maître, continua à lui parler sur le même ton.

— Votre Honneur a fait bien du bruit, dit-elle, parce que de pauvres gens avaient ramassé sur le rivage quelques tonneaux et quelques caisses qui ne pouvaient servir à personne, et voilà le plus brave garçon du pays qui est disparu, évanoui pourrait-on dire, sans que vous demandiez seulement ce qu'il est devenu.

— Et que voulez-vous qu'il soit devenu, vieille folle? s'écria M. Mertoun. Il est bien vrai qu'au milieu des folies dans lesquelles il passe son temps il ne peut devenir rien de bon.

En parlant ainsi, son ton annonçait la dérision plutôt que la colère, et Swertha, une fois dans la partie difficile de cette conversation, résolut de ne pas la laisser tomber, maintenant que le feu de son adversaire commençait à se ralentir.

— Il est bien vrai que je suis une vieille folle, j'en conviens; mais si M. Mordaunt est par malheur au fond du Roost? — plus d'une barque a fait naufrage pendant la tempête de l'autre matin; — heureusement elle a été courte, sans quoi rien ne lui aurait résisté; — ou s'il s'est noyé dans un lac en revenant ici à pied; — si le pied lui a manqué sur un rocher, et tout le monde sait combien il était hardi à les gravir; qui sera le vieux fou alors? — Que Dieu protège le pauvre enfant qui n'a plus de mère! ajouta-t-elle avec un accent pathétique. Si M. Mordaunt avait encore eu la sienne, on n'aurait pas attendu si long-temps pour le faire chercher partout!

Ce dernier sarcasme produisit sur Mertoun un effet terrible. Ses lèvres tremblèrent, ses joues pâlirent, et il dit à Swertha d'entrer dans son cabinet, où elle avait rarement la permission de mettre le pied, et d'aller lui chercher une bouteille dont il lui indiqua la place.

— Oh! oh! pensa-t-elle en se hâtant d'exécuter cet ordre, il paraît que mon maître sait où trouver au besoin de quoi faire passer toute l'eau qu'il avale.

Elle trouva dans son cabinet une petite caisse contenant quelques bouteilles, mais la poussière et les toiles d'araignées qui les couvraient prouvaient qu'on n'y avait pas touché depuis plusieurs années. Ce ne fut pas sans peine qu'elle parvint à en déboucher une à l'aide d'une fourchette, car il n'existait pas un seul tire-bouchon à Iarlshof; et après s'être assurée par l'odorat et par le goût, de crainte de méprise, qu'elle contenait de l'eau des Barbades, elle la porta dans la salle à manger, où son maître luttait contre une faiblesse qu'il ne pouvait vaincre. Elle lui en versa une dose modérée dans le premier verre qu'elle put trouver, jugeant prudemment que cette petite quantité suffirait pour produire un grand effet sur un homme si peu habitué à l'usage des liqueurs spiritueuses. Mais Mertoun lui fit signe, d'un air d'impatience, de remplir le verre, qui pouvait tenir le tiers d'une pinte, mesure d'Angleterre (1), et l'ayant rempli jusqu'au bord, elle fut bien surprise de le lui voir vider d'un seul trait.

— Que tous les saints du paradis nous protègent! pensa Swertha; il va devenir aussi ivre qu'il est fou; il ne voudra plus écouter personne.

Cependant les joues de Mertoun reprirent leurs couleurs, il parut respirer plus librement, et ne montra aucun symptôme d'ivresse. Au contraire, Swertha dit ensuite à ses amis que quoiqu'elle eût toujours eu une ferme confiance en l'efficacité d'un bon verre de liqueur, elle n'avait jamais vu ce spécifique opérer un pareil miracle. Jamais non plus elle n'avait entendu son maître parler si raisonnablement depuis qu'elle était à son service.

— Swertha, dit-il, vous avez raison pour aujourd'hui, et c'est moi qui avais tort. Courez sur-le-champ chez le Rauzellaer, et dites-lui de venir me parler sans perdre un instant, et de m'informer du nombre de barques et d'hommes qu'il peut me procurer. Je les emploierai tous à cette recherche, et ils seront récompensés amplement.

Stimulée par l'aiguillon qui, suivant le proverbe, met

---

(1) Plus petite que celle de Paris de près de moitié. — Tr.

au trot les vieilles femmes, Swertha courut au hameau avec tout le reste de vitesse que douze lustres lui avaient laissé. Elle voyait d'ailleurs avec quelque plaisir que le sentiment auquel elle s'était abandonnée allait trouver sa récompense. Sa compassion désintéressée avait déterminé une recherche qui promettait d'être lucrative ; mais elle se proposait de ne pas perdre sa part du profit. Chemin faisant, et long-temps avant qu'on pût l'entendre, elle appelait à grands cris Neil Ronaldson, Sweyn Erickson, et les autres amis confédérés qui devaient être intéressés à l'objet de sa mission. Pour dire la vérité, quoique la bonne dame prît véritablement un vif intérêt à Mordaunt, et que son absence lui causât de réelles inquiétudes, rien ne l'aurait peut-être plus contrariée que de le voir paraître en ce moment sain et sauf devant elle ; car en ce cas adieu les recherches qui allaient avoir lieu, et la récompense avec elles.

Swertha ne fut pas long-temps à s'acquitter de sa commission, et à régler avec les sénateurs du hameau la portion qui lui serait attribuée dans le marc la livre des profits. Elle retourna sur-le-champ à Iarlshof, accompagnée de Neil Ronaldson, et ne manqua pas de lui donner toutes les instructions qu'elle crut nécessaires, attendu le caractère de son maître.

— Par-dessus tout, lui dit-elle, ne lui faites jamais attendre une réponse, et parlez haut et distinctement, comme s'il s'agissait de héler une barque ; car il n'aime pas à dire deux fois la même chose. S'il vous interroge sur les distances, vous pouvez lui donner les milles pour les lieues, car il ne connait rien au pays qu'il habite ; et s'il vous parle d'argent, vous ne risquez rien de lui demander des dollars au lieu des shillings, attendu qu'il n'en fait pas plus de cas que si c'étaient des pierres d'ardoise.

Ayant fait ainsi sa leçon à Neil Ronaldson, elle l'introduisit en présence de son maître. Mais le Rauzellaer fut confondu en voyant qu'il ne pouvait suivre le système de déception qui venait d'être convenu. Quand il essaya, en exagérant les distances et les dangers, de faire hausser le loyer des barques et le salaire des hommes, car on devait faire des recherches sur mer et sur terre, il se trouva coupé court par Mertoun, qui lui prouva qu'il connaissait aussi parfaitement qu'il était possible, non-seulement tout l'intérieur du pays et les distances d'un lieu à l'autre, mais encore les marées, les courans et tout ce qui pouvait avoir rapport à la navigation de ces mers, quoiqu'il eût paru jusqu'alors complètement étranger à tous ces détails. Ronaldson trembla donc quand il fut question du salaire à payer à ceux qui s'occuperaient de cette recherche, car il était assez vraisemblable que Mertoun ne serait pas moins instruit sur ce sujet que sur les autres, et qu'il saurait fort bien ce qu'il convenait de payer à cet égard. Le Rauzellaer n'avait pas oublié la tempête qu'avait excitée la fureur de Mertoun quand, peu de temps après son arrivée à Iarlshof, il avait chassé de sa présence Swertha et Sweyn Erickson. Comme cependant il hésitait encore entre la crainte de demander trop et celle de ne pas exiger assez, Mertoun lui ferma la bouche et mit fin à son embarras en lui promettant une récompense au-dessus de tout ce qu'il aurait osé demander, et même une gratification additionnelle s'il lui rapportait l'heureuse nouvelle que son fils était en sûreté.

LE PIRATE. 183

Quand ce point important eut été réglé, Neil Ronaldson, en homme consciencieux, commença à récapituler avec attention les divers endroits où l'on pouvait faire des enquêtes sur le jeune Mordaunt, tant dans l'île de Main-land que dans celles qui en étaient voisines, et il promit qu'on n'en oublierait pas un seul.

— Mais après tout, ajouta-t-il, si Votre Honneur me permet de parler, il y a une personne, à peu de distance, qui, si quelqu'un osait lui faire une question, et qu'elle voulût y répondre, pourrait nous en dire sur M. Mordaunt plus que qui que ce soit. — Vous savez qui je veux dire, Swertha, celle qui était ce matin à la baie. — Et il conclut en jetant un coup d'œil mystérieux sur la femme de charge, qui y répondit en secouant la tête d'un air significatif.

— Que voulez-vous dire? s'écria Mertoun; expliquez-vous clairement et brièvement : de qui parlez-vous?

— C'est de Norna de Fitful-Head que parle le Ranzellaer, dit Swertha, car elle est allée ce matin à l'église de Saint-Ringan pour quelque affaire qui ne regarde qu'elle.

— Et que peut-elle savoir de mon fils? D'après ce que j'ai entendu dire, c'est une folle, une femme qui vit d'impostures, qui court le pays.

— Si elle court le pays, dit Swertha, ce n'est pas pour vivre aux dépens des autres, car indépendamment de ce qu'elle a par elle-même, il y a ici le fowde qui ne la laisserait manquer de rien.

— Mais quel rapport tout cela a-t-il avec mon fils?

— Je n'en sais rien, répondit Swertha, mais elle a paru aimer M. Mordaunt dès le premier moment qu'elle l'a vu, et elle lui a toujours fait de temps à autre quelque présent, sans parler de la belle chaîne d'or qu'il porte à son cou. Il y a des gens qui disent qu'elle a été travaillée par des fées. Je ne connais pas la valeur de l'or, mais Bryce Snailsfoot prétend qu'elle vaut cent livres sterling d'Angleterre; et ce ne sont pas des coquilles de noix.

— Ronaldson, s'écria Mertoun, allez ou envoyez quelqu'un me chercher cette femme, si vous croyez qu'il est possible qu'elle sache quelque chose sur mon fils.

— Elle sait tout ce qui arrive dans ces îles, répondit le Rauzellaer, avant que personne en soit informé, et c'est la vérité de Dieu. Mais pour aller la chercher dans l'église ou dans le cimetière, c'est ce que personne au monde ne fera ni pour or ni pour argent; et ce que je vous dis là est encore la vérité de Dieu.

— Poltron superstitieux! s'écria Mertoun; Swertha, donnez-moi mon manteau. Cette femme a été à Burgh-Westra; elle est parente de la famille Troil; elle peut savoir quelque chose sur la cause de l'absence de Mordaunt. J'irai la chercher moi-même. Elle est à l'église de la Croix, dites-vous?

— Non pas à l'église de la Croix, mais à la vieille église de Saint-Ringan, répondit Swertha; il y a un bon bout de chemin, et l'endroit n'est pas en très-bonne odeur. Si Votre Honneur voulait m'en croire, il attendrait qu'elle en sortît, et ne la troublerait pas dans un moment où, autant que nous pouvons le savoir, elle est plus occupée des morts que des vivans. Les gens comme elle ne se soucient pas d'avoir les yeux des autres fixés sur eux, Dieu nous protège! quand ils s'occupent de leurs affaires.

Mertoun ne répondit rien, mais s'enveloppant de son manteau, car il tombait alors un brouillard fort épais, et marchant d'un pas plus rapide que son pas accoutumé, il prit le chemin qui conduisait à l'église en ruines, située, comme il le savait fort bien, à trois ou quatre milles de sa demeure.

Le Rauzellaer et Swertha le suivirent des yeux jusqu'à ce qu'ils l'eussent perdu de vue; et dès qu'ils furent sûrs qu'il ne pouvait plus les entendre, se regardant l'un l'autre d'une manière qui annonçait qu'ils n'auguraient pas bien de cette démarche, chacun d'eux fit sa remarque en même temps.

— Les fous courent toujours vite, et n'écoutent rien, dit Swertha.

— Les gens qui sont *fey* (1), dit le Rauzellaer, sont toujours les plus pressés, et nous ne pouvons fuir notre destin. J'ai connu des personnes qui ont tâché d'arrêter des gens fey; vous avez entendu parler d'Hélène Emborson de Camsey; elle avait fermé toutes les fenêtres et toutes les lucarnes de sa maison, afin que son mari ne vît pas la lumière du jour, et ne se levât pas pour aller pêcher en pleine mer, parce qu'elle craignait un gros temps. Eh bien! la barque sur laquelle il devait partir périt dans le Roost. Elle revint chez elle bien joyeuse d'avoir empêché son mari de s'embarquer; mais comment éviter son destin? elle le trouva noyé dans sa mare, près de sa propre maison. Il y a ensuite...

Swertha interrompit Neil Ronaldson, pour lui rappeler qu'il fallait se rendre à la baie pour faire partir les barques; car, lui dit-elle, d'une part je suis inquiète

---

(1) Voyez la note de la page 84 du tome 1er. — Éd.

pour ce pauvre garçon; et de l'autre je crains qu'il n'arrive de lui-même avant qu'on soit parti pour aller le chercher. Or, comme je vous l'ai déjà dit, mon maître sait conduire, mais il ne veut pas tirer; et si vous n'exécutez pas ses ordres en partant sur-le-champ, vous pouvez dire adieu au loyer des barques, je vous en réponds.

— Eh bien! eh bien! répondit le Rauzellaer, nous partirons le plus tôt possible. Par bonheur la barque de Clawson et celle de Pierre Grot n'ont pas quitté le rivage ce matin, parce que, comme ils se rendaient sur le bord de la mer, un lapin a passé devant eux; et ils sont retournés dans leur maison en hommes prudens, sachant qu'ils auraient autre chose à faire dans la journée. On ne peut penser sans étonnement, Swertha, combien il reste peu de gens judicieux dans ce pays. Notre grand Udaller est assez bien quand il a toute sa tête, mais il fait trop de voyages dans son vaisseau et dans la pinasse pour la conserver long-temps; et maintenant on dit que sa fille, miss Minna, n'est pas dans son bon sens. Norna sait plus de choses que personne au monde, mais on ne peut la citer comme une tête saine. Voici M. Mertoun! son esprit a une voie d'eau sous la quille, à coup sûr; et quant à son fils, c'est une vraie tête éventée. En un mot, parmi les gens d'importance de ces environs, il y en a bien peu, à l'exception de moi, bien entendu, et peut-être de vous, Swertha, qu'on ne puisse, d'une manière ou d'une autre, regarder comme des fous.

— Cela peut être, Neil Ronaldson, répondit Swertha; mais si vous ne vous hâtez d'aller bien vite à la baie, vous perdrez la marée; et comme je le disais à mon maître il n'y a pas long-temps, qui sera le fou alors?

CHAPITRE XXV.

> » .... J'aime ces vieilles ruines.
> » Aux yeux des curieux le passé renaissant
> » Y montre à chaque pas un fait intéressant.
> » Peut-être en cette cour, exposée au ravage
> » Du temps, des élémens et d'un peuple sauvage,
> » Gisent les ossemens de maint homme pieux
> » Qui, sans peine oubliant ses arrière-neveux,
> » Et les déshéritant pour enrichir l'Église,
> » Espérait que sa tombe, à si grands frais acquise,
> » Sous les voûtes du chœur, à tout événement,
> » Resterait jusqu'au jour du dernier jugement.
> » Mais tout passe ici-bas, églises comme villes,
> » Elles sont, comme nous, mortelles et fragiles. »
>
>   Webster. *La duchesse de Malfy.*

L'ÉGLISE en ruines de Saint-Ninian avait joui dans son temps d'une grande célébrité; car la superstition, qui avait jeté ses racines dans toute l'Europe, n'avait pas manqué de les étendre jusque dans cet archipel si éloigné. Les îles Shetland, dans le temps du catholicisme, avaient leurs saints, leurs chapelles, leurs reliques; et quoiqu'on les connût fort peu dans le reste du monde, c'étaient des objets qui attiraient l'hommage et commandaient le respect des simples habitans de Thulé. Ils avaient une dévotion toute particulière pour cette église de Saint-Ninian, ou, comme on la nommait dans tout le district, de Saint-Ringan. L'origine de cette dévotion superstitieuse venait de ce que cet édifice était situé sur le bord de la mer, et servait souvent aux pêcheurs de point de reconnaissance, quand ils étaient en mer sur leurs barques. La crédulité y ajoutait tant de cérémonies superstitieuses, que le clergé de la réforme crut devoir solliciter un ordre des cours ecclésiastiques pour défendre d'y célébrer le service religieux, attendu qu'il ne servait qu'à entretenir parmi des paysans grossiers et ignorans le culte des saints et autres doctrines erronées de l'Église romaine (1).

Quand, l'église de Saint-Ringan étant ainsi dénoncée comme un séjour d'idolâtrie, on eut rempli les formalités nécessaires pour en annuler la consécration, et pour transférer le culte public dans un autre édifice, le plomb et les solives du toit furent arrachés, et ce petit bâtiment gothique, d'une structure aussi ancienne que grossière, fut abandonné et laissé à la merci des élémens. Le sol en cet endroit ressemblait beaucoup à celui d'Iarlshof dont nous avons fait la description; et la fureur des vents qui mugissaient, sans rencontrer d'obstacle, le long de cette plaine de sables mouvans, en remplit bientôt la nef et les ailes; du côté du nord-

---

(1) Il est presque inutile de faire observer que l'auteur prêche pour son Église. — Tr.

ouest, qui était le plus exposé au vent, les sables s'amoncelèrent contre les murs extérieurs jusqu'à moitié de leur hauteur, et la nudité effrayante de ces ruines n'était variée que par la vue des poutres découvertes de la toiture et du petit beffroi qui les couronnait.

Et cependant, tout abandonnée qu'elle était, l'église de Saint-Ringan conservait encore quelques restes des hommages qu'on lui rendait autrefois. Les pêcheurs ignorans de Dunrossness observaient une pratique dont ils avaient eux-mêmes presque oublié l'origine, et dont le clergé protestant s'efforçait en vain de les détourner. Lorsque leurs barques se trouvaient en grand danger, c'était un usage commun parmi eux de vouer une offrande à saint Ringan ; et quand le péril était passé, ils ne manquaient jamais d'accomplir ce vœu, en se rendant seuls et secrètement à l'ancienne église. Là, ôtant leurs souliers et leurs bas à l'entrée du cimetière, ils faisaient trois fois le tour des ruines, en prenant bien garde de suivre le cours du soleil. Quand le troisième tour était terminé, celui qui avait fait le vœu jetait l'offrande ordinaire d'une petite pièce d'argent, à travers les barreaux d'une fenêtre percée à l'une des ailes, après quoi il se retirait en ayant grand soin de ne pas regarder derrière lui avant d'être hors de l'enceinte de ce qui avait été autrefois un terrain consacré, car on croyait que le squelette du saint recevait l'offrande dans sa main décharnée, et montrait son épouvantable tête de mort à la fenêtre.

Dans le fait, cette scène devenait d'autant plus effrayante pour des esprits faibles et ignorans, que les mêmes tourbillons impétueux qui, d'un côté de l'église, menaçaient d'en enterrer les ruines sous le sable, en ayant déjà peu à peu amoncelé une quantité prodigieuse de manière à cacher presque entièrement la muraille avec les arcs-boutans qui la soutenaient, ils semblaient avoir le projet de découvrir la sépulture des morts qui reposaient depuis long-temps du côté du sud-est; et après un ouragan, les cercueils, et quelquefois même les cadavres enterrés sans être placés dans des caveaux bien scellés en maçonnerie, se montraient aux yeux épouvantés des vivans.

C'était dans ce lieu, jadis consacré au culte, et devenu désert, que se rendait alors Mertoun, quoique sans aucun des sentimens religieux ou superstitieux avec lesquels on s'approchait ordinairement de l'église de Saint-Ringan. Il était complètement étranger aux craintes que la superstition faisait concevoir à presque tous les habitans du pays, et même sa vie solitaire et retirée, et le soin qu'il prenait de fuir la société des hommes quand ils se réunissaient pour adorer la Divinité dans son temple, le faisaient regarder comme un homme qui, bien loin de donner dans une crédulité excessive, tombait dans une erreur encore plus fatale en doutant des dogmes reçus et enseignés par l'Église.

En arrivant près de la petite baie où sur le rivage, à peu de distance, étaient situées les ruines, il s'arrêta un instant et ne put s'empêcher de reconnaître que ce lieu, si propre à produire une vive impression sur la pensée, avait été choisi très-judicieusement pour y consacrer un édifice à la religion. Il était situé en face de la mer, dans laquelle deux promontoires, rochers noirs et lugubres qui formaient les extrémités de la baie, avançaient leurs têtes gigantesques. Sur la partie supérieure de leurs flancs, des mouettes et d'autres oiseaux de mer paraissaient comme des flocons de neige, tandis que plus bas, de longues lignes de cormorans, placés à côté les uns des autres, semblaient des soldats rangés en bataille. C'étaient les seuls êtres vivans que l'œil pût apercevoir. La mer n'était pas en ce moment soulevée par une tempête, mais les flots en étaient assez agités pour venir se briser sur ces deux caps avec un bruit semblable à celui d'un tonnerre lointain, et les vagues, soulevées en nappes écumantes jusqu'à moitié de la hauteur de ces rochers noirs comme l'ébène, formaient un contraste frappant de couleurs.

Le jour où cette scène se présentait aux yeux de Mertoun, le ciel, entre ces deux promontoires, était couvert de nuages épais, amoncelés en si grand nombre que l'œil ne pouvait pénétrer plus avant. C'était une représentation assèz fidèle de la mer dans la vision de Mirza (1), où son étendue est cachée par des vapeurs, des brouillards et des nuages. Le terrain, qui, à partir du rivage, s'élevait graduellement jusqu'à une hauteur considérable, ne permettait pas d'apercevoir l'intérieur du pays, et semblait dévoué à une éternelle stérilité. On n'y voyait végéter que quelques touffes d'herbe rabougrie, et cette espèce de jonc qui croît sur les terres sablonneuses. Sur une colline située en face de la baie, et qui n'était éloignée de la mer qu'autant qu'il le fallait pour ne pas avoir à en craindre les vagues, s'élevaient les ruines à demi enterrées dans le sable dont nous avons déjà fait la description, entourées par un mur tombant en poussière et auquel le temps avait fait bien des brèches, mais marquant encore l'étendue du cime-

(1) *Vision orientale* du *Spectateur*. — ÉD.

tière. Les marins qu'un gros temps forçait à entrer dans cette baie prétendaient qu'on voyait quelquefois des lumières dans l'église, et cette circonstance était pour eux le présage d'une tempête ou de quelque autre accident.

Mertoun, en approchant de l'église, prit insensiblement, et peut-être sans y penser, des précautions pour éviter d'être aperçu avant qu'il fût arrivé sous les murs du cimetière. Le hasard fit qu'il y arriva du côté où le vent, chassant le sable, mettait à découvert les tombeaux des morts, comme nous l'avons déjà dit (1).

En regardant à travers une des brèches de la muraille, il vit la personne qu'il cherchait. Elle était occupée d'un travail qui s'accordait parfaitement avec les idées qu'on avait généralement conçues de cette femme, déjà assez extraordinaire par elle-même.

Elle était accroupie près d'un monument ancien dont un côté représentait un chevalier grossièrement sculpté, et l'autre un écu dont les armoiries étaient dégradées au point d'être méconnaissables. Cet écu était placé horizontalement, ce qui est contraire à l'usage moderne plus commun de le placer droit. Au pied de ce monument reposait, ainsi que Mertoun l'avait entendu dire autrefois, la dépouille mortelle de Ribolt Troil, un des ancêtres de Magnus, homme devenu fameux par ses exploits et son caractère entreprenant, dans le quinzième siècle. Norna de Fitful-Head semblait travailler à découvrir cette tombe, et cette occupation n'avait rien de bien pénible, puisqu'elle n'était couverte que de sables mouvans. Il paraissait donc évi-

---

(1) Voyez la vignette du titre de ce volume.

dent qu'elle accomplirait facilement cette tâche déjà commencée par les vents, et qu'elle mettrait bientôt au grand jour ce qui restait du guerrier enseveli. Elle accompagnait ce travail d'une chanson, car jamais les habitans du Nord ne se livraient à une pratique superstitieuse sans y joindre un chant runique. Nous n'avons peut-être conservé ici que trop de ces incantations, mais nous ne pouvons nous refuser à traduire encore celle qui suit :

>Guerrier, qui par plus d'un exploit
>Rendis illustre ta carrière,
>Il ne te reste en cet endroit
>Que du sable et de la poussière.
>Nul chevalier, de ton vivant,
>N'eût osé toucher ton armure ;
>Et maintenant une femme, un enfant,
>Peut violer ta sépulture.

>Je ne viens pas pour t'insulter
>Sur le monument que j'entr'ouvre ;
>D'ici je ne veux emporter
>Qu'un morceau du plomb qui te couvre.
>J'ai de ce fer armé ma main
>Pour ce mystérieux ouvrage !
>De l'approcher aussi près de ton sein
>Qui jadis eût eu le courage ?

>Grand merci, Ribolt, grand merci,
>Je te promets en récompense
>Que les vents et les flots d'ici
>Seront bannis par ma puissance.
>C'est Norna qui te le promet,
>Norna puissante et misérable,
>Et l'on verra s'accomplir ce décret,
>En dépit du sort qui l'accable.

Pendant la première strophe de cette incantation, Norna découvrit le cercueil de plomb qui contenait les restes du guerrier. En chantant la seconde, elle coupa un morceau de ce métal avec beaucoup de précaution et d'un air qui annonçait un recueillement religieux. Enfin, pendant la troisième, elle rejeta le sable sur le cercueil, et il ne resta plus aucune trace qui indiquât que le secret du tombeau avait été violé.

Mertoun, caché derrière le mur du cimetière, eut les yeux fixés sur cette femme pendant toute la cérémonie, non qu'il eût la moindre vénération pour elle ou pour les rites qu'elle célébrait, mais parce qu'il crut qu'interrompre une folle dans un acte de folie ne serait pas un bon moyen pour obtenir d'elle les renseignemens qu'elle pouvait lui donner. Cependant il eut tout le loisir de considérer sa taille, mais sa figure était presque entièrement cachée par ses cheveux épars, et par le capuchon d'une mante de couleur sombre; aussi rappelait-elle l'idée d'une druidesse pendant la célébration de ses mystères. Mertoun avait souvent entendu parler de Norna; il est même probable qu'il avait déjà pu la voir plusieurs fois dans les environs d'Iarlshof depuis qu'il y demeurait. Mais les histoires absurdes qui circulaient sur son compte l'empêchaient d'accorder aucune attention à une femme qu'il regardait comme attaquée de folie ou coupable d'imposture, ou peut-être même folle et fourbe à la fois. Mais en ce moment où les circonstances le forçaient à lui donner plus d'attention, il ne put s'empêcher de convenir qu'elle était sincèrement enthousiaste, ou qu'elle jouait son rôle si admirablement, qu'aucune pythonisse ancienne n'aurait pu la surpasser. Son air de dignité quand elle se leva, la solennité de tous ses gestes, l'accent sonore et expressif de sa voix quand elle s'adressait au guerrier dont elle osait troubler les dépouilles mortelles, ne pouvaient manquer de faire impression sur M. Mertoun, quelque indifférence qu'il montrât en général pour tout ce qui se passait autour de lui. Mais elle n'eut pas plus tôt terminé sa singulière occupation, qu'entrant dans le cimetière, en passant non sans difficulté par-dessus les débris de la muraille, il se montra aux yeux de Norna. Bien loin de tressaillir, ou de témoigner la moindre surprise en voyant paraître quelqu'un dans un endroit si solitaire, elle lui dit d'un ton qui semblait annoncer qu'elle l'attendait : — Ainsi donc, vous m'avez cherchée à la fin ?

— Et je vous ai trouvée, — répondit Mertoun, jugeant que le meilleur moyen d'arriver aux questions qu'il voulait lui faire était de lui répondre sur le même ton qu'elle venait de prendre.

— Oui, dit-elle, vous m'avez trouvée, et dans l'endroit où tous les hommes doivent se retrouver; au milieu des tabernacles des morts.

— Il est bien vrai, répliqua Mertoun en jetant les yeux sur cette scène de désolation où les principaux objets qui frappaient ses regards étaient des pierres sépulcrales, les unes à demi cachées par le sable, les autres arrachées par la violence du vent, de l'endroit qu'elles étaient destinées à couvrir, et sur la plupart desquelles on avait gravé des inscriptions ou sculpté des emblèmes de mortalité. — Il est bien vrai, c'est ici le rendez-vous général des hommes. Heureux ceux qui entrent le plus tôt dans un port si paisible !

— Celui qui ose désirer d'entrer dans ce port, reprit Norna, doit avoir bien gouverné sa barque dans le voyage de la vie. Je n'ose m'attendre à le trouver si paisible. Et toi, oses-tu l'espérer? La route que tu as suivie t'en donne-t-elle le droit?

— Ce n'est pas ce dont il s'agit en ce moment. Je viens vous demander si vous pouvez me donner quelques nouvelles de mon fils Mordaunt?

— Un père demande à une étrangère si elle peut lui donner des nouvelles de son enfant! Et comment en saurais-je? Le cormoran demande-t-il au héron: — Où sont mes petits?

— Mettez de côté cette inutile affectation de mystère, elle peut produire de l'effet sur le vulgaire, mais avec moi c'est peine perdue. On m'a dit à Iarlshof que vous savez ou que vous pouvez savoir ce qu'est devenu Mordaunt Mertoun, qui n'est pas revenu chez moi après la célébration de la fête de Saint-Jean-Baptiste chez votre parent Magnus Troil. Dites-moi ce que vous en savez, si toutefois vous en savez quelque chose, et je vous récompenserai aussi bien que mes moyens me le permettront.

— L'univers ne contient rien qui mérite à mes yeux le nom de récompense pour une parole que je perdrais en la faisant entendre à l'oreille d'un mortel. Mais quant à ton fils, si tu veux le revoir vivant, rends-toi à la foire de Kirkwall dans les Orcades.

— Et pourquoi m'y rendrais-je? je sais qu'il n'avait pas dessein d'aller de ce côté.

— Nous suivons le courant du destin sans rame et sans gouvernail. Vous n'aviez pas dessein ce matin de venir dans l'église de Saint-Ringan, et cependant vous y voici. Vous n'aviez pas le dessein, il y a une minute, d'aller à la foire de Kirkwall, et cependant vous en ferez le voyage.

— Je ne le ferai pas, à moins que vous ne m'en expliquiez plus clairement le motif. Ne pensez pas que je sois du nombre de ceux qui vous croient douée de pouvoirs surnaturels.

— Vous le croirez avant que nous nous séparions. Vous ne me connaissez guère, quant à présent, et vous ne me connaîtrez pas davantage. Mais je vous connais bien, et je pourrais vous en convaincre en prononçant un seul mot.

— Prononcez-le donc, car, à moins que je ne sois convaincu, il n'y a pas d'apparence que je suive vos conseils.

— Écoutez donc bien ce que j'ai à vous dire relativement à votre fils; sans quoi ce que j'ai à vous dire relativement à vous-même bannira de votre mémoire toute autre pensée. Vous irez à la foire qui va avoir lieu à Kirkwall, et le cinquième jour, à l'heure de midi, vous entrerez dans l'aile gauche de la cathédrale de Saint-Magnus. Là vous trouverez une personne qui vous donnera des nouvelles de votre fils.

— Il faut me parler plus clairement, dit Mertoun avec le ton du mépris, si vous voulez que je suive vos avis. Je me suis, dans ma jeunesse, plus d'une fois laissé tromper par les femmes, mais jamais aussi grossièrement que vous paraissez vouloir le faire.

— Écoute-moi donc, s'écria la vieille sibylle, le mot que je vais prononcer concerne le secret le plus important de ta vie. Il fera tressaillir tous tes nerfs, et pénètrera jusqu'à la moelle de tes os.

Elle se pencha vers lui, et lui dit à l'oreille un mot qui parut produire un effet magique. Mertoun resta immobile de surprise, tandis que Norna, étendant le bras d'un air de triomphe et de supériorité, se retira, et tournant le coin d'une vieille muraille disparut au milieu des ruines.

Mertoun n'essaya point de suivre ses traces. — C'est en vain que nous voulons fuir notre destinée! dit-il en reprenant sa présence d'esprit, et il sortit des ruines et du cimetière. Lorsqu'il arriva sur une élévation d'où il pouvait encore voir l'église, il se retourna pour y jeter un dernier coup d'œil, et aperçut Norna sur le sommet de la vieille tour, enveloppée de sa mante et agitant en l'air quelque chose qui ressemblait à un pavillon blanc. Une sensation d'horreur, semblable à celle qu'avaient fait naître en lui ses dernières paroles, lui glaça une seconde fois les sens, et il marcha avec une rapidité qui ne lui était pas ordinaire, jusqu'à ce qu'il eût laissé bien loin derrière lui l'église de Saint-Ringan et sa baie de sable.

Lorsqu'il arriva à Iarlshof, il s'était opéré un tel changement dans tous ses traits, que Swertha présuma qu'il allait tomber dans un de ces accès de mélancolie qu'elle nommait son heure noire.

— Et ne fallait-il pas s'y attendre, pensa-t-elle, puisqu'il a osé aller trouver Norna de Fitful-Head quand elle était dans l'église de Saint-Ringan, séjour de tant d'esprits de toute espèce?

Cependant sans montrer d'autres symptômes d'aliénation qu'une mélancolie sombre et profonde, son maître l'informa de son projet d'aller à la foire de Kirkwall, projet si contraire à toutes ses habitudes, que la femme de charge eut peine à en croire ses oreilles. Peu de temps après il apprit, avec un air d'indifférence, que de tous ceux qui étaient partis pour aller, par terre et par mer, chercher des nouvelles de Mordaunt, pas un seul n'en avait pu obtenir. Le calme qu'il montra en apprenant le manque de succès de leurs recherches acheva de convaincre Swertha que, dans son entrevue avec Norna, la sibylle qu'il était allé consulter lui avait prédit que leurs efforts n'auraient pas d'autre résultat.

Les habitans du village furent encore bien plus surpris quand ils virent M. Mertoun, comme poussé par une résolution soudaine, faire ses préparatifs pour aller à Kirkwall pendant la foire, quoiqu'il eût soigneusement évité jusqu'alors tous les lieux de réunion publique. En vain Swertha fit tous ses efforts pour pénétrer ce mystère, elle ne put en venir à bout, et elle en conçut de nouvelles inquiétudes sur le destin de son jeune maître. Cependant son chagrin s'adoucit un peu à la vue d'une somme d'argent que son maître lui remit entre les mains, et qui, quoique modique en elle-même, lui parut un trésor. Il l'informa en même temps qu'il avait loué, pour se rendre à Kirkwall, une petite barque appartenant au propriétaire de l'île de Mousa.

CHAPITRE XXVI.

» Elle ne pleurait plus, ses yeux étaient sans larmes;
» Le désespoir avait remplacé ses alarmes,
» Et son cœur resserré prétendait être heureux...
» Heureux! mais la langueur flétrissait son visage
» Pâle comme le lis frappé par un orage. »

Suite du Vieux Robin Grey.

La situation de Minna ressemblait beaucoup à celle où se trouve l'héroïne villageoise dans la charmante ballade de lady Anne Lindsay. La fermeté d'ame qui lui était naturelle l'empêcha de succomber sous le poids de l'horrible secret qui la tourmentait quand elle était éveillée, et qui, lorsqu'elle pouvait jouir de quelques instans d'un sommeil interrompu, la poursuivait jusque dans ses rêves. Les chagrins les plus cruels sont ceux qu'on est obligé de concentrer en soi-même, et pour lesquels on ne peut ni désirer ni demander de consolations ; et si l'on y ajoute le sentiment pénible d'un mystère coupable pesant sur un cœur innocent, on ne sera pas surpris que la santé de Minna souffrît de cette réunion de circonstances.

Son caractère, ses manières, ses habitudes, parurent tellement changés à ceux qui vivaient avec elle, qu'il n'est pas surprenant que quelques-uns l'aient attribué aux effets de la sorcellerie, et quelques autres aux premiers symptômes de la démence. La solitude, qui avait pour elle tant de charmes, lui devint insupportable, et cependant, quand elle se trouvait en société, elle ne prenait aucune part et ne donnait aucune attention à tout ce qui se passait. En général, elle semblait enfoncée dans de sombres et lugubres réflexions ; mais, si par hasard on prononçait le nom de Cleveland ou celui de Mordaunt, elle paraissait s'éveiller comme d'un profond sommeil, et elle tressaillait avec ce mouvement d'horreur qu'on éprouverait en voyant approcher une mèche enflammée d'une traînée de poudre destinée à faire sauter une mine. Puis, quand elle reconnaissait que le terrible secret n'était pas encore découvert, bien loin que ce fût pour elle une consolation, elle aurait voulu que tout fût déclaré, plutôt que d'endurer davantage l'angoisse prolongée de l'incertitude.

Sa conduite envers sa sœur était si variable, et pourtant si pénible pour le bon cœur de Brenda, qu'elle semblait à tous ceux qui en étaient témoins un des symptômes les plus effrayans de sa maladie. Quelquefois elle recherchait la compagnie de sa sœur, comme si elle y eût été portée par le sentiment intime que toutes deux devaient être frappées du même coup, quoiqu'elle seule connût toute l'étendue du malheur qui les attendait; et soudain, sentant vivement la blessure que recevrait le cœur sensible de Brenda quand elle apprendrait le crime qu'elle supposait commis par Cleveland, il lui devenait impossible de soutenir sa présence; elle s'arrachait aux consolations que sa sœur, trompée sur la cause de ses chagrins, s'efforçait de lui prodiguer. Souvent aussi il arrivait que Brenda, en conjurant sa sœur de se consoler, touchait, sans le savoir, quelque corde dont les vibrations se faisaient sentir jusqu'au fond de l'ame de Minna, de sorte que celle-ci, hors d'état de déguiser l'angoisse qu'elle éprouvait, courait se cacher dans son appartement. Cette conduite, aux yeux de ceux qui n'en connaissaient pas la véritable cause, ne pouvait être regardée que comme les caprices d'un cœur qui avait cessé d'aimer une sœur naguère si chérie; et cependant Brenda la souffrait avec tant de patience et de douceur, que Minna se trouvait quelquefois émue jusqu'à verser des larmes d'attendrissement sur son sein; et peut-être ces momens, quoique rendus bien amers par le souvenir que son fatal secret devait détruire le bonheur de Brenda comme le sien, étaient encore ceux qui lui paraissaient le plus supportables, à cette malheureuse époque de sa vie, parce qu'ils étaient adoucis par l'affection qu'elle ne cessait d'éprouver pour Brenda.

L'effet de ces alternatives de sombre mélancolie et de sensibilité maladive se fit bientôt remarquer dans les traits amaigris et pâles de la pauvre Minna. Ses yeux perdirent ce regard tranquille que donnent l'innocence et le bonheur, et il devint tour à tour morne ou égaré, suivant la sensation que lui faisait éprouver sa malheureuse situation ou quelque paroxisme plus aigu de douleur. En société, elle était sombre et silencieuse ; et quand elle était seule, les personnes qui la surveillaient remarquèrent qu'elle se parlait souvent à elle-même.

Le père de Minna, dévoré d'inquiétude, eut recours en vain à toute la pharmacie des îles Shetland. Ce fut inutilement qu'il appela des adeptes des deux sexes, instruits des propriétés salutaires des plantes et des paroles magiques qui en augmentent la vertu. Ne sachant plus que faire, il résolut de demander les avis de sa parente, Norna de Fitful-Head, quoique, d'après des circonstances mentionnées dans le cours de cette histoire, ils n'eussent pas alors une liaison bien intime. La première demande qu'il lui adressa fut inutile. Norna était alors dans sa demeure ordinaire sur le bord de la mer, près du promontoire dont elle avait pris le nom ; et quoique Eric Scambester se fût chargé lui-même de ce message, elle refusa positivement de le voir et de lui faire aucune réponse.

Magnus fut mécontent du peu d'égards qu'elle avait montré pour son messager ; mais l'inquiétude que lui causait la situation de Minna, l'espèce de respect que lui inspiraient les infortunes réelles de Norna et la puissance qu'on lui attribuait, l'empêchèrent en cette occasion de s'abandonner, suivant son usage, à l'irascibilité de son caractère. Au contraire, il résolut d'aller faire lui-même une visite à sa parente. Il n'informa pourtant personne de ce projet, se bornant à dire à ses filles de se disposer à rendre avec lui une visite à une parente qu'il n'avait pas vue depuis quelque temps ; et il leur recommanda en même temps d'emporter quelques provisions, attendu qu'elle demeurait assez loin, et qu'il était possible que son garde-manger ne fût pas très-bien garni.

Peu accoutumée à demander à son père des explications sur ses ordres, et présumant que l'exercice et la distraction occasionée par ce petit voyage pourraient être utiles à sa sœur, Brenda, qui alors était chargée seule de tous les détails de l'intérieur de la maison, fit sur-le-champ les préparatifs nécessaires, et dès le lendemain ils se mirent en route, tantôt cotoyant le bord de la mer, tantôt traversant des marais, et ne trouvant d'autres variétés dans les divers sites que quelques pièces de terre ensemencées en orge et en avoine, vers l'extrémité nord-ouest de Main-land, qui se termine par un promontoire comme Fitful-Head, ainsi que la pointe de la même île au sud-ouest se termine par celui de Sumburgh.

L'Udaller montait un beau palefroi de Norwège, aussi vigoureux, mais un peu plus haut de taille que les chevaux ordinaires du pays. Minna et Brenda, qui parmi tous leurs talens comptaient celui de conduire parfaitement un cheval, avaient deux de ces petits animaux qui, ayant été élevés avec plus de soin qu'on n'a coutume de leur en donner, prouvaient, par la grace de leurs formes et par leur vivacité, que cette race si honteusement négligée est susceptible de s'améliorer, et peut acquérir de la grace, sans rien perdre de son feu et de sa vigueur. Ils étaient accompagnés par quatre domestiques, dont deux à cheval et deux à pied. Ceux-ci ne pouvaient retarder leur marche, attendu qu'il y avait tant de montagnes à gravir, tant de marécages à traverser, qu'on était obligé d'aller presque toujours au pas; et quand un espace de terrain sec et uni permettait de prendre le trot pendant un certain temps, les deux piétons n'avaient que l'embarras de s'emparer de deux chevaux sur la première prairie où ils en rencontraient.

La gaieté ne paraissait pas s'être mise en voyage avec eux, et ils cheminaient la plupart du temps dans un profond silence. Cependant l'Udaller, pressé par l'impatience, faisait quelquefois prendre à son palefroi une allure plus vive; mais bientôt, se rappelant le mauvais état de la santé de Minna, il en ralentissait le pas, demandait à sa fille comment elle se trouvait et si elle n'était pas trop fatiguée. A midi on songea à s'arrêter pour prendre des rafraîchissemens dont on avait fait ample provision, et l'on fit halte près d'une fontaine dont l'eau pure et limpide ne séduisit pas le palais de l'Udaller; mais il finit par la trouver plus agréable en y ajoutant une bonne dose d'excellente eau-de-vie. Après avoir vidé une seconde et même une troisième fois un grand gobelet d'argent, sur lequel on voyait relevés en bosse un Cupidon allemand fumant sa pipe, et un Bacchus vidant son flacon dans la gueule d'un ours, il commença à devenir plus communicatif qu'il ne l'avait été depuis qu'ils étaient en route.

— Eh bien! dit-il à ses filles, nous ne sommes qu'à une lieue ou deux de la demeure de Norna. Nous verrons comment la vieille sibylle nous recevra.

Minna interrompit son père par une exclamation proférée d'une voix faible, et Brenda, dans sa surprise, s'écria : — Est-ce donc à Norna que nous allons rendre cette visite? A Dieu ne plaise!

— Et pourquoi à Dieu ne plaise! dit l'Udaller en fronçant les sourcils. Je voudrais bien voir pourquoi il ne plairait pas à Dieu que j'allasse visiter une parente dont les connaissances peuvent être utiles à votre sœur? Il n'y a dans toutes nos îles ni homme ni femme plus capables. Vous êtes une folle, Brenda; votre sœur a plus de bon sens que vous. Courage! Minna, courage! Je me souviens que, quand vous n'étiez encore qu'un enfant, vous aviez du plaisir à entendre les chansons et les histoires de Norna; vous étiez pendue à son cou, tandis que Brenda s'enfuyait en criant comme un vaisseau marchand espagnol devant un corsaire hollandais.

— Je désire qu'elle ne m'effraie pas autant aujourd'hui, mon père, répondit Brenda, voulant laisser à sa sœur le moyen de se livrer à la taciturnité qui semblait avoir des charmes pour elle, et en même temps plaire à son père en soutenant la conversation. J'ai entendu dire tant de choses sur son habitation, que l'idée de me présenter chez elle sans y avoir été invitée ne laisse pas de me causer quelque alarme.

— Vous êtes une folle, répondit Magnus, de penser que la visite de bons parens puisse déplaire à un cœur franc et généreux, à un cœur d'Hialtland, comme celui de ma cousine Norna. Et maintenant que j'y pense, je suis sûr que je devine pourquoi elle n'a pas voulu recevoir Éric Scambester. Il y a bien des années que je n'ai vu le feu de sa cheminée, et jamais je ne vous ai conduites chez elle. Elle a donc quelque droit de se plaindre de moi. Mais je lui dirai la vérité, et cette vérité, c'est que, quoique ce soit l'usage, je ne crois pas qu'il convienne d'aller mettre à contribution une femme vivant seule, comme nous le faisons à l'égard de nos confrères les Udallers, quand nous allons de maison en maison pendant l'hiver, de sorte que nous formons une boule de neige qui grossit en roulant.

— A cet égard, dit Brenda, il n'y a pas de danger que nous soyons à charge à Norna. Nous avons une ample provision de tout ce qui peut nous être nécessaire, du poisson, du lard, du mouton salé, des oies fumées, en un mot de quoi vivre pendant une semaine, et du vin et de l'eau-de-vie plus que vous n'en pourrez boire, mon père.

— Fort bien, ma fille, fort bien. Vaisseau bien avitaillé fait un bon voyage. Ainsi nous n'aurons à demander à Norna que le couvert, et un lit pour vous deux; car quant à moi, mon manteau de voyage et de bonnes planches de Norwège me conviennent mieux que vos matelas de laine et d'édredon. Norna aura donc le plaisir de nous voir sans qu'il lui en coûte seulement un *stiver*.

— Je souhaite que ce soit un plaisir pour elle, mon père.

— Que veut-elle dire? au nom du saint martyr dont je porte le nom! s'écria Magnus. Vous imaginez-vous que ma parente soit une païenne, qu'elle n'ait pas de plaisir à voir sa chair et son sang? Je voudrais être aussi sûr que la pêche sera bonne cette année. Non! non! toute ma crainte, c'est de ne pas la trouver chez elle; car elle court souvent le pays, pensant toujours à ce qui est sans remède.

Minna fit entendre en ce moment un profond soupir.

— Il ne faut pas soupirer pour cela, mon enfant, reprit l'Udaller : c'est une faute que commet la moitié du monde; mais gardez-vous d'en faire jamais autant, Minna.

Un second soupir, qu'elle s'efforça inutilement de retenir, annonça que cet avis venait trop tard.

— Je crois que ma cousine vous fait autant de peur qu'à Brenda, dit Magnus en jetant un coup d'œil sur le visage pâle et défait de sa fille aînée; si cela est, dites un mot, et nous nous en retournerons aussi vite que si nous avions le vent en poupe, et que nous filions quinze nœuds de ligne.

— Parlez, ma sœur, s'écria Brenda d'un air suppliant, parlez, pour l'amour du ciel! Vous savez... vous vous souvenez... vous êtes bien sûre que Norna ne peut rien faire pour vous soulager.

— Il n'est que trop vrai, répondit Minna d'une voix faible; mais je ne sais... elle peut répondre à une question, à une question que le misérable seul peut adresser au misérable.

— Ma cousine n'est pas dans la misère, s'écria l'Udaller, attachant au mot misérable un autre sens que celui dans lequel sa fille venait de l'employer. Elle a un très-joli revenu, tant ici que dans les Orcades, et elle reçoit tous les ans je ne sais combien de lispunds de beurre. Mais les pauvres en ont la meilleure part, et malheur au Shetlandais qui ne l'imite pas en cela. Le reste, elle le dépense dans ses courses, je ne sais comment. Mais vous rirez quand vous verrez sa maison, et Nick Strumpfer, qu'elle appelle Pacolet. Bien des gens pensent que Nick est le diable, mais je vous réponds qu'il est de chair et d'os aussi bien que nous. Son père demeurait à Grœmsay. Je serai charmé de revoir Nick.

Tandis que l'Udaller parlait ainsi, Brenda, qui, si elle avait l'imagination moins brillante que sa sœur, était douée d'un bon sens plus qu'ordinaire, réfléchissait en elle-même sur l'effet que cette visite pourrait produire sur l'esprit de Minna. Elle en vint enfin à prendre la résolution de parler en particulier à son père au premier instant qu'elle en trouverait l'occasion pendant le voyage. Elle se décida à lui conter tous les détails de leur entrevue nocturne avec Norna, entrevue à laquelle, entre autres causes qui avaient pu agiter l'esprit de sa sœur, elle attribuait surtout l'accablement de Minna. Alors il jugerait lui-même s'il devait persister à aller voir cette femme singulière, et exposer sa fille au coup fatal que sa vue pourrait lui porter.

Comme elle venait de tirer cette conclusion, son père, secouant d'une main les miettes qui étaient tombées sur sa veste galonnée, et recevant de l'autre un verre d'eau et d'eau-de-vie, but avec dévotion au succès de leur voyage, et ordonna qu'on se préparât à se mettre en marche. Pendant qu'on sellait les chevaux, Brenda réussit, non sans difficulté, à faire comprendre à son père qu'elle désirait lui parler en particulier, à la grande surprise de l'honnête Udaller, qui, quoique discret comme le tombeau relativement au petit nombre de choses qu'il regardait comme des secrets d'importance, était si loin d'aimer le mystère, qu'il parlait ouvertement de toutes ses affaires à sa famille, même en présence de ses domestiques.

Mais son étonnement fut bien plus grand encore quand, étant resté à dessein un peu en arrière avec sa fille Brenda, pendant la marche, il en apprit la visite nocturne de Norna à Burgh-Westra, et le récit qu'elle avait fait à ses filles interdites. Il n'interrompit Brenda que par quelques interjections; et quand elle eut fini de parler, il se soulagea en donnant mille malédictions à la folie de sa cousine, qui était venue conter à ses filles une histoire si horrible.

— J'ai toujours entendu dire, ajouta-t-il, qu'avec toute sa science et sa connaissance des saisons elle est véritablement folle, et, de par les reliques du saint martyr mon patron! je commence à le croire. A présent je ne sais pas plus comment gouverner ma barque que si j'avais perdu ma boussole. Si j'avais su tout cela avant de partir, je crois que nous serions restés à Burgh-Westra; mais à présent que nous sommes si avancés, et que Norna nous attend...

— Nous attend! mon père; comment cela est-il possible?

— Je... je n'en sais trop rien. Mais puisqu'elle sait de quel côté le vent doit souffler, elle doit savoir aussi où nous avons dessein d'aller. Il ne faut pas lui donner de l'humeur. Elle a peut-être joué ce mauvais tour à ma famille parce que nous avons eu castille ensemble relativement à ce jeune Mordaunt Mertoun; et si cela est, elle peut y remédier; et elle y remédiera, ou elle me dira pourquoi. Mais il faut d'abord tenter les voies de douceur.

Voyant que son père était décidé à faire la visite projetée, Brenda chercha ensuite à apprendre de lui si tout ce que Norna leur avait dit était fondé sur la vérité. Magnus secoua la tête, poussa un profond soupir, et lui dit en peu de mots que tout ce qui concernait son intrigue avec un étranger, et la mort de son père, dont elle était la cause accidentelle et très-innocente, était une vérité aussi triste qu'incontestable.

— Quant à son enfant, ajouta-t-il, jamais je n'ai pu savoir ce qu'il était devenu.

— Son enfant! s'écria Brenda; elle ne nous en a pas dit un seul mot.

— En ce cas, je voudrais que ma langue eût été paralysée quand je vous en ai parlé. Je vois qu'il est aussi difficile à un homme, qu'il soit vieux ou qu'il soit jeune, de vous cacher un secret à vous autres femmes, qu'à une anguille de s'échapper d'un nœud coulant de crin. Quand une fois le pêcheur le lui a passé autour du corps, il faut qu'elle saute hors de l'eau.

— Mais cet enfant, mon père, dit Brenda, insistant pour savoir les détails de cette histoire extraordinaire, on ne sait donc pas ce qu'il est devenu?

— Je suppose qu'il a été enlevé par ce coquin de Vaughan, dit l'Udaller avec un air d'humeur qui faisait voir assez clairement que ce sujet lui déplaisait.

— Par Vaughan! l'amant de la pauvre Norna, sans doute? Quelle espèce d'homme était-ce, mon père?

— Un homme de l'espèce des autres, je suppose. Je ne l'ai vu de ma vie. Il visitait beaucoup les familles écossaises de Kirkwall; et moi, de même que tous les bons anciens Norses... Ah! si Norna n'avait jamais vu que ses compatriotes, et qu'elle n'eût pas fait société avec ces Écossais, elle n'aurait jamais connu Vaughan, et son sort aurait été tout différent. Mais moi alors, Brenda, je n'aurais jamais connu votre mère, ajouta-t-il, — une larme brilla dans ses grands yeux bleus, — cela m'aurait sauvé de longs regrets précédés d'un bonheur bien court.

— Soit comme compagne, soit comme amie, dit Brenda en hésitant un peu, Norna aurait bien mal rempli la place que ma mère occupait près de vous, du moins si j'en juge d'après tout ce que j'ai entendu dire.

Mais Magnus, dont l'impétuosité naturelle se trouvait adoucie en ce moment par le souvenir d'une épouse chérie, lui répondit avec plus d'indulgence qu'elle ne s'y attendait.

— A cette époque, dit-il, je me serais décidé à épouser Norna. Ce mariage devait être la pacification d'une vieille querelle, un baume versé sur une ancienne plaie. Tous nos parens le désiraient, et dans la situation où je me trouvais, n'ayant surtout pas encore vu votre bienheureuse mère, je n'avais pas de raison pour le refuser. Il ne faut pas que vous jugiez de Norna et de moi par ce que nous sommes à présent. Elle était jeune et belle, et moi j'étais léger comme un daim des montagnes, m'inquiétant peu dans quel port entrerait ma barque; car, comme je le pensais, j'en avais plus d'une sous le vent. Mais Norna accorda la préférence à ce Vaughan, et, comme je vous l'ai déjà dit, ce fut peut-être la plus grande preuve d'affection qu'elle pût me donner.

— Pauvre parente! dit Brenda. Mais croyez-vous, mon père, à la puissance surnaturelle qu'elle s'attribue? Croyez-vous à la vision mystérieuse du nain qu'elle dit lui être apparu dans...

Son père l'interrompit. Il était évident que ces questions lui déplaisaient.

— Je crois, Brenda, dit-il, à tout ce qu'ont cru mes ancêtres. Je ne prétends pas être plus sage qu'ils ne l'ont été. Or, ils ont tous cru que lorsqu'un être, n'importe son sexe, souffrait une grande détresse, la Providence lui ouvrait les yeux de l'esprit, et lui accordait de connaître l'avenir. La pauvre Norna a eu assez d'afflictions pour mériter les dons qu'elle a pu recevoir au milieu de ses calamités. Ses connaissances lui sont aussi pénibles qu'une couronne d'épines le serait à son front, quand cette couronne serait en même temps celle de l'empire de Danemarck. Quant à vous, Brenda, ne cherchez pas à être plus sage que vos ancêtres. Votre sœur Minna, quand elle était bien portante, avait autant de vénération pour tout ce qui était écrit en langue norse que si c'eût été une bulle du pape; et après tout, une bulle n'est écrite qu'en latin.

— Pauvre Norna! répéta Brenda, et son enfant n'a jamais été retrouvé?

— Qu'importe son enfant? répondit l'Udaller d'un ton plus brusque qu'auparavant; tout ce que je sais, c'est que Norna fut fort mal avant et après lui avoir donné la naissance, quoique nous eussions recours à la flûte et à la harpe pour la distraire. Quant à l'enfant, il vint au monde avant l'époque fixée par la nature, et il est probablement mort depuis long-temps. Mais vous n'entendez rien à tout cela, Brenda; marchez donc en avant, et cessez de me faire des questions sur des objets qui ne doivent pas vous occuper.

En finissant ces mots, l'Udaller donna le coup d'éperon à son palefroi, et marchant au grand trot sans s'inquiéter si le chemin était bon ou mauvais, tandis que l'instinct du petit cheval de Brenda savait choisir tous les endroits où il pouvait avoir le pied ferme, il se plaça bientôt à côté de la mélancolique Minna, et adressa indifféremment la parole à ses deux filles. Brenda chercha à se consoler, en pensant que la maladie de sa sœur paraissant avoir son siège dans l'imagination, les remèdes de Norna seraient peut-être efficaces, puisqu'ils opèreraient sur l'imagination.

Ils avaient jusqu'alors marché à peu près en ligne droite à travers des marais et des terrains couverts de mousse, sauf divers circuits qu'ils étaient souvent obligés de faire pour tourner ces longues lagunes communiquant avec la mer, qu'on appelle voes dans ces îles, et qui se prolongent si avant dans le pays que, quoique Main-land ait une largeur de trente milles et même plus, il ne se trouve aucune partie de cette île où l'on soit à plus de trois milles de distance de l'eau salée. Mais en ce moment ils approchaient de l'extrémité située au nord-ouest, et ils avaient à gravir une chaîne immense de rochers qui, depuis des siècles, bravent les efforts des vents et de l'Océan du Nord, dont les vagues impuissantes viennent se briser à leurs pieds.

— Voici la demeure de Norna, s'écria enfin Magnus en s'adressant à ses filles. Regardez, ma chère Minna; si cela ne vous fait pas rire, rien n'y réussira. Quel autre être qu'une orfraie pourrait se construire un pareil nid? Par les reliques de mon saint patron! jamais créature vivante, sans ailes, et ayant l'usage de la raison, n'a pu vivre dans pareille demeure, à moins que ce ne soit sur le Fraw-Stack de Papa, où la fille d'un roi de Norwège fut enfermée pour être mise à l'abri de ses amans, si l'histoire qu'on raconte à ce sujet est vraie (1). Et si je vous en parle, mes enfans, c'est parce

---

(1) Le Fraw-Stack, ou le Rocher de la Vierge, est un rocher

que je suis bien aise que vous sachiez qu'il est difficile d'empêcher le feu de prendre aux étoupes.

inaccessible séparé de l'île de Papa par un bras de mer fort étroit On voit sur le sommet quelques ruines sur lesquelles il court une tradition à peu près semblable à l'histoire de Danaé. — Éd.

FIN DU TOME SECOND.